Descubre el Método y La Filosofía Japoneses Para Encontrar el Sentido De la Vida y Alcanzar la Felicidad, Así Como la Armonía Contigo Mismo

Takagi Myakano

Copyright © 2024 Takagi Myakano

Todos los derechos reservados.

Este documento tiene por objeto ofrecer información precisa y fiable sobre el tema y asunto que se está tratando. La publicación se vende con el entendimiento de que el editor no está obligado a proporcionar servicios de contabilidad, con licencia oficial o de otro modo calificado. Si se requiere asesoramiento, legal o profesional, se debe ordenar a una persona que ejerza la profesión.

De ninguna manera es legal reproducir, duplicar o transmitir cualquier parte de este documento en formato electrónico o en papel. El registro de esta publicación está estrictamente prohibido y el almacenamiento de este documento no está permitido excepto con el permiso por escrito del editor. Todos los derechos reservados.

La información suministrada en este documento se declara verdadera y coherente, ya que cualquier responsabilidad, en términos de falta de atención o de otro tipo, por cualquier uso o abuso de cualquier política, proceso o dirección contenida en este documento es responsabilidad única y absoluta del lector previsto. En ningún caso se podrá reclamar al editor ninguna responsabilidad legal o culpa por cualquier reparación, daño o pérdida monetaria debido a la información aquí contenida, directa o indirectamente.

La información contenida en este documento se proporciona únicamente con fines informativos y es universal. La presentación de la información es sin contrato de garantía de ningún tipo. Las marcas comerciales utilizadas en este libro son sólo para fines de aclaración y son propiedad de sus titulares, no afiliados a este documento.

"El hombre no es más que un proyecto y la vida una especie de barco que cada uno tiene que llevar a buen puerto".

Robert Baden-Powell

Sumario

INTRODUCCIÓN 10

CAPÍTULO 1 ¿QUÉ ES IKIGAI? LA FILOSOFÍA QUE AYUDA A VIVIR MÁS Y MEJOR 13

¿POR QUÉ SE CREE QUE SEGUIR LAS PAUTAS DE IKIGAI ES SIGNIFICATIVO PARA UNA LARGA VIDA? 16

LONGEVIDAD Y FELICIDAD LA RAZÓN PARA VIVIR MÁS Y MEJOR. 18

El optimismo 19

Atesorar la felicidad 20

Mantener el alma abierta a las posibilidades 20

CAPÍTULO 2 AUTOCONOCIMIENTO: CONOCERTE A TI MISMO PARA PODER CONOCER TU IKIGAI 22

¿POR QUÉ NOS RESULTA TAN DIFÍCIL VIVIR EN EL AQUÍ Y AHORA? 30

¿Cómo centrarte en el hoy y no en el mañana? 31

CAPÍTULO 4 DESCUBRE CUÁL ES TU PROPÓSITO DE VIDA Y LLÉVALO A CABO 34

DESCUBRIENDO TU VOCACIÓN, FANTASÍA Y REALIDAD 35

CAPÍTULO 5 CONOCIENDO TUS PUNTOS FUERTES, EN QUÉ ERES REALMENTE BUENO 42

VENTAJAS DE CONOCER NUESTRO VERDADERO POTENCIAL HUMANO: 42

Nos conocemos más íntimamente 42

Nuestra autoestima crece 43

Pensamos con mayor enfoque y claridad 44

La toma de decisiones ya no es un problema 44

Nos adaptamos con más facilidad a los cambios 44

Cambiamos nuestros paradigmas 45

Disfrutamos la vida en su justa medida, enfocándonos en el presente 45

HABLAMOS DE LA EMOCIÓN, EL PENSAMIENTO Y LA ACCIÓN 48

Emoción 48

DOS REQUISITOS PARA ENCONTRAR TU IKIGAI: 48

Tomar acción 49

CAPÍTULO 6 LA IMPORTANCIA DE ENFOQUE Y EL COMPROMISO CON TU IKIGAI 50

CARACTERÍSTICAS DE UN BUEN ENFOQUE MENTAL 51

Estás en el presente 51

Tienes autocontrol 51

Concentración al máximo 51

Óptima gestión del tiempo 52

Confía en lo que haces 52

Ten fe en quienes te rodean 53

PREGÚNTATE ¿CUÁN ORGANIZADO/A ERES? 53

Practicar aritmética simple a diario: 55

Resolver sudokus: 56

Hacer puzzles 56

Escribir a mano: 57

Leer: 57

Aprender otro idioma: 58

Hacer ejercicio: la salud es importante en Ikigai 58

Hacer cosas nuevas, desarrollar habilidades dormidas: 59

CAPÍTULO 7 PLAN DE VIDA 60

ESTRATEGIAS PARA TENER UN BUEN PLAN DE VIDA 65

Ponerle fecha a tus sueños... 65

Ponte en acción... 65

Detectar cuáles son tus fortalezas, y debilidades 66

CAPÍTULO 8 GRATITUD 69

BENEFICIOS DEL AGRADECIMIENTO 71

Ser agradecido beneficia nuestra capacidad cerebral 71

Disminuye los síntomas de ansiedad y depresión 72

A nivel físico aumenta tu energía y vitalidad 72

El dolor físico puede ser aliviado mediante el agradecimiento 73

¿CÓMO DEMOSTRAR GRATITUD? 74

LA GRATITUD TE HACE MÁS FELIZ Y TE AYUDA A CUMPLIR TUS METAS
.... 76

CAPÍTULO 9 HOBBY, LOS BENEFICIOS DE TENER AFICIONES 78

DISFRUTAR DE LAS PEQUEÑAS COSAS DE LA VIDA 78

LAS PRINCIPALES VENTAJAS DE TENER UNA AFICIÓN: 80

Divertirse con un pasatiempo es disfrutar la vida 82

Atrévete.. 83

Varía tus posibilidades... 84

Tu tiempo es ahora... 84

Evita la rutina.. 84

Que el dinero no sea excusa... 85

Sé constante.. 86

CAPÍTULO 10 LOS VALORES Y EL IKIGAI 90

SISTEMA DE VALORES 91

¿CÓMO PUEDEN LOS VALORES SER PIEZA ESENCIAL EN TU IKIGAI Y CÓMO TE AYUDAN PARA TU ÉXITO? 94

Ponen rumbo a la vida... *94*

Facilitan la toma de decisiones.. *94*

Ayudan a conseguir objetivos... *95*

Permiten relacionarnos desde los valores......................... *95*

Vivir desde los valores.. *96*

PRINCIPALES BENEFICIOS DE TRABAJAR CON VALORES 96

CAPÍTULO 11 IKIGAI Y EL TRABAJO EN EQUIPO............ 98

EL CONCEPTO DE IKIGAI EN LA EMPRESA.. 98

Claves para fomentar el Ikigai en la empresa............ *100*

Fijar objetivos comunes y coherentes con el día a día *100*

Compartir y celebrar los logros *100*

Interactuar con los miembros de tu equipo................. *101*

Crear buen ambiente.. *101*

CAPÍTULO 12 LAS PRINCIPALES LEYES DEL IKIGAI... 102

1- ENCUENTRA TU PASIÓN 102

2- MANTENTE ACTIVO A NIVEL FÍSICO Y MENTAL 102

3- CONECTA CON OTRAS PERSONAS..103

Ten paciencia... *103*

Come sanamente *104*

Demuestra tu alegría de vivir... *104*

Relaciónate más con tu medio ambiente *104*

Sé agradecido *104*

Vive el presente *105*

CAPÍTULO 13 .... **106**
IKIGAI EN LA EDUCACIÓN: CULTIVANDO EL POTENCIAL DE LOS JÓVENES **106**

Introducción a la importancia de inculcar el concepto de ikigai desde una edad temprana. 106

Educación basada en el autoconocimiento y la exploración de intereses. 108

Fomentar la creatividad y la pasión en el aprendizaje ... 109

CONCLUSIÓN **120**

Introducción

La influencia de la cultura japonesa en occidente cada vez es más notoria, las enseñanzas y filosofías de esta extraordinaria cultura milenaria han traspasado sus fronteras y nos llegan para ayudarnos a mejorar nuestro modo de vida. El Ikigai, de lo que hablaré en este libro, es una filosofía que los nipones han sabido aprovechar para llevar una vida más sana y longeva. Este concepto puede traducirse "como encontrar tu propósito de vida" o "tu razón de ser"

Más allá de su connotación existencialista, Ikigai ha demostrado ser una manera de vivir práctica y realista, que ayuda al ser humano a encontrarse primero a sí mismo, a ver hacia su interior y encontrar su sentido propio de ser, y luego a ver el mundo y su interrelación positiva con él.

Ikigai te suministra una serie de estrategias que son universales y la razón por la que ha tenido tanta aceptación a nivel mundial es porque logra disuadir la desesperanza, borrar los temores y creen en que dentro de nosotros yace el poder de vivir en alegría y en consonancia con nuestros más grandes sueños.

Ikigai

A lo largo de este libro encontrarás herramientas poderosas para que en primer lugar logres un conocimiento real de ti mismo/a (capítulo 2) y partiendo de allí te embarques en la búsqueda de tu verdadero Ikigai. Para lograr vivir en esta filosofía y mejorar exponencialmente tu vida debes vivir el momento presente, el aquí y el ahora (capítulo 3) de manera que autoconocerse, saber cuáles son tus fortalezas y debilidades y vivir enfocado te allanará el camino para encontrar tu propósito de vida y saber qué es lo que quieres en realidad.

En el capítulo 4 "propósito de vida", aprovecho para demostrarte las falsas creencias acerca de encontrar tu vocación y demuestro que, de hecho, puedes tener más de un interés genuino en tu corazón, lo cual es algo válido y tienes que aceptarlo.

Una de las pautas para poder vivir en Ikigai es dar y demostrar gratitud por las pequeñas cosas de la vida, dar las gracias te dará un sentido de realización increíble, pues es la forma de confirmar que estás recibiendo dádivas de la vida y de que las estás aceptando. (capítulo 8)

He visto muchísima gente amargada y sin una razón de ser, (sobre todo en el pasado confinamiento), de manera que dedico el capítulo 9 a demostrarte lo importante de tener un pasatiempo u hobby y lo sano que es dedicarte tiempo a ti haciendo algo en lo que solo tienes que invertir tiempo y ganas por el simple hecho de recibir una compensación emotiva de alegría y felicidad.

Cierro este texto con la importancia de los valores y cómo afectan tu desempeño cotidiano, (capítulo 10), cómo aplicar Ikigai al trabajo en equipo y llevar esta filosofía a la empresa (capítulo 11) y finalmente las leyes más importantes del ikigai.

Espero que aproveches las enseñanzas que aquí expongo, pues mi finalidad es ayudar al prójimo a encontrarse, aceptarse y vivir consigo mismo, después de todo es algo que amo, que se me da bien, de lo cual puedo vivir y puedo compartirlo con todos vosotros.

Capítulo 1
¿Qué es Ikigai? La filosofía que ayuda a vivir más y mejor

Orígenes del Ikigai

"El Ikigai es la razón de ser de cada persona, su motivación en la vida. Podríamos decir entonces que el Ikigai es el objetivo vital propio de cada individuo".

Héctor García, autor de: Ikigai los secretos de Japón

Para comprender esta filosofía milenaria es necesario hacer un poco de historia, pues ésta proviene del Japón desde los mismísimos comienzos de esta interesante y majestuosa cultura que nos ha ofrecido filosofías que se centrarán en el interior de nuestro ser, nos obligan a vernos en introspección para poder conocernos realmente.

Japón es un país que se asentó en una isla rodeada de muchas islas menores al este de Asia. El nombre de esta tierra Japón (Nippon/Nihon) significa "donde nace el sol", quizá por eso su bandera sea un gran círculo rojo sobre un rectángulo blanco emulando al sol. Japón, como país, se conforma de cuatro islas principales: Honshū, Hokkaidō, Kyūshū y Shikoku, que forman el 97% de la superficie total del país, y por otras 6.848 islas menores adyacentes. Con una superpoblación de 127 millones de personas, tan solo en la capital Tokio se concentran 30 millones siendo una de las ciudades más superpobladas del planeta.

La cultura japonesa es rica en tradiciones, y aunque tiene fuerte influencia china e hindú, también la han influenciado en los últimos siglos Europa y Estados Unidos.

La religión, base de la forma de pensar de la mayoría de los japoneses, es el resultado de varias religiones que se han fusionado en un proceso llamado sincretismo, esto ha dado como resultado una cultura multicolor que se puede ver en las calles decoradas durante fiestas como Tanabata, Obon, Halloween y Navidad. Una popular oración japonesa reza así: "Dios y Buda, ayudadme de alguna forma, por favor"

La religión budista (profesada por la mayoría) insta a las personas a mirar desde dentro de sí mismo, y enseña que la felicidad comienza cuando tenemos un auténtico autoconocimiento y una aceptación real como seres humanos, dejando así de lado la excesiva carga material que necesitan los occidentales para sentirse felices y cuyo lema parece ser: "lo que poseo (exterior) es lo que determina mi felicidad."

Los ancianos y docentes, personas mayores y padres de familia son muy respetados en esta cultura y aún con la influencia occidental y la rebeldía de algunos adolescentes, esto se sigue haciendo hoy día. Bajo esta cultura, que data de miles de años, nacen varias filosofías de vida, entre ellas el Ikigai que llega a remontarse al llamado periodo Heian entre los siglos 794 y 1185. Esto se sabe gracias al trabajo de investigación de Akihiro Hasegawa, profesor en la Universidad de Toyo Ewia y psicólogo clínico, quien trajo nuevamente la palabra y los conceptos de Ikigai al tiempo moderno.

Aunque no es una filosofía nueva, desde hace poco está en boga y los occidentales y europeos han volcado su atención a esta filosofía de vida que se podría traducir etimológicamente así: iki, que significa vida, y gai, que se relaciona al mérito o valor. Discurriendo en el concepto, gai deriva de la palabra kai, que significa conchas en japonés. Las conchas tienen una consideración muy valiosa en la sociedad japonesa. Así, este término resultó en Ikigai, tomando un sentido de valor trascendental.

En japonés existen otras palabras que terminan en gai/kai: yarigai o hatarakigai cuyo significado es el valor de hacer o el valor del trabajo, este concepto está ampliamente ligado a Ikigai que incorpora estos valores a su filosofía.

Ikigai es una filosofía de vida que se traduce en modo de vivir, algo maravilloso que ha nacido de una sociedad cuyos valores de respeto, amor y consideración nos trasmiten que este concepto puede ayudar al ser humano, a que cada uno de nosotros podamos encontrar el sentido de nuestra existencia, nos muestra que lo que realmente nos mueve el corazón, que lo que realmente importa y lo que nos dará la felicidad, más allá de los bienes materiales y la superficialidad, es mirar profundamente en nosotros mismos, eso es lo que verdaderamente importante.

¿Por qué se cree que seguir las pautas de Ikigai es significativo para una larga vida?

Durante años se han realizado estudios e investigaciones acerca de la longevidad y la salud de los ancianos, las eternas preguntas de por qué unos viven mucho más y en mejores circunstancias que otros, ha llevado a estos científicos a estudiar ciertos sitios geográficos donde la media de vida supera los 100 años, llamándola zonas azules.

Una de esas zonas azules es la apartada isla de Okinawa, cuyos ancianos superan los cien años de edad y lo que es más notable es que lo hacen con excelente salud y disposición de espíritu. Los entendidos pensaron que se trataba de la dieta (como la dieta mediterránea) pero tras los estudios se llegó a la conclusión de que es mucho más que eso, ya que allí impera el Ikigai y su cultura se basa en celebrar a los mayores, estos pasan su sabiduría a las próximas generaciones y sienten que ese es su propósito de vida, el servir a sus tradiciones y en dejar su legado para que no se pierda en el tiempo.

Y es que tal vez Ikigai no es algo único de Japón, tal vez exista en otras zonas de manera intuitiva como en las otras zonas azules, por ejemplo Cerdeña (Italia) y la Península de Nicoya (Costa Rica).

Entonces, no es casualidad que luego de estudios sobre la longevidad, la calidad de salud, tanto física como psicológica, se haya puesto especial atención a Japón, especialmente a la isla de Okinawa, donde las personas viven durante mucho tiempo en excelentes condiciones físicas, y lo que es más raro con un excelente sentido de humor. Su positivismo y su felicidad la atribuyen a que ellos tienen y han tenido toda la vida una razón para vivir, y que aunque han cambiado con el tiempo, han encontrado nuevas razones para seguir la vida (que ellos llaman yk y guy). No necesitan que sea algo fuera de lo común, ellos no necesitan ser famosos, o acumular enormes riquezas, solo necesitan seguir lo que su corazón anhela, lo que hace que se levanten cada mañana con alegría, aunque muchos de ellos sobrepasan los 70 y 80 y hasta los 100 años, están de acuerdo en lo importante que es compartir con los demás esta filosofía de vida.

Longevidad y felicidad la razón para vivir más y mejor.

La sabiduría de los mayores es algo que hay que tomar en cuenta, sobre todo en esta vida agitada, llena de premisas falsas o exageradas acerca de la felicidad y el éxito. Los ancianos que pasan el umbral de los cien años, tienen una sencilla máxima para el asunto de su longevidad "Lo que se necesita para vivir es muy poco, pero por alguna extraña razón lo que acabamos deseando es mucho más". Tal vez en estas palabras se resume la relación que hay entre una vida larga con una contemplación positiva y modesta de la vida.

Veamos algunos factores que se necesitan para lograr una vida sana y longeva:

El optimismo

Quien consigue encontrar esta razón para hacer cosas y actuar, encuentra el Ikigai, y es feliz haciendo lo que verdaderamente ama, aceptando las cosas que le han pasado a través de los años con optimismo.

El optimismo es una melodía muy placentera, lamentablemente no todos somos capaces de escucharla y deleitarnos en ella. Es una pena porque es el mejor modo de enfrentar la vida cotidiana, que no siempre es un camino de rosas. Durante este camino podemos sufrir enfermedades, pérdidas, muerte de seres queridos, problemas de mayor o menor grado que son capaces de poner a un organismo en un estado alto de estrés, provocando enfermedades de salud, incluso depresión crónica de la que es muy difícil salir.

Un modo maravilloso para enfrentar los acontecimientos y que las personas mayores conocen es el optimismo: esto los hace capaces de manejar el estrés, observar con calma los acontecimientos negativos, tratando de encontrar nuevas salidas y soluciones, adaptándose a la realidad, es decir utilizan el optimismo como un filtro cognitivo que los hace llevar la vida de manera más fácil y saludable.

Atesorar la felicidad

La felicidad es una actitud ante la cotidianidad, hay personas mayores que saben reírse, aunque sea de ellos mismos, aportándole chispas de vida a su día a día y aprendiendo a vivir en concordancia con esta actitud.

Las personas que aprenden a aceptar el paso de los años y que cultivan cualidades como la paciencia, la conformidad, el buen humor, y sobre todo nunca pierden la inocencia que de niños tenían, definitivamente continúan con fe su vida cotidiana, porque ellos saben que la felicidad se forma instante a instante, en el presente, pauta que es imprescindible alcanzar si quieres llegar a conocer tu verdadero Ikigai.

Mantener el alma abierta a las posibilidades

Lamentablemente, hay personas que nunca han descubierto qué les mueve su corazón, cuál es ese deseo que, ya sea por circunstancias de la vida o por decisión propia, han enterrado muy profundo en su alma. Ellos pasan por la vida llenos de pensamientos negativos, llenos de veneno fruto de la frustración de tener que conformarse con cosas que quizá odian: Una pareja que no es compatible, un trabajo al cual quisieran dejar... pero no se atreven a cambiar su vida.

A estas personas les vendría muy bien conocer su Ikigai y las formas de poder conectarse con eso que siempre han querido ser, a lo largo de estas páginas detallaré las formas de conocerse a sí mismo (autoconocimiento) lo cual es, en primer lugar, algo muy importante para poder adquirir la pericia de ver con positivismo las cosas y poder vivir llenos de vitalidad, que es el único camino para alcanzar una longevidad sana asumiendo con optimismo los años de la vejez.

Debes saber que depende únicamente de ti mismo el mantenerte vital, para que tu reloj biológico se mueva en armonía con lo que te llena de felicidad.

Capítulo 2
Autoconocimiento: conocerte a ti mismo para poder conocer tu Ikigai

El Ikigai propone un aspecto importante en tu camino hacia el redescubrimiento: que te conozcas a ti mismo, que mires en tu interior y tengas una conversación clara y honesta contigo mismo para que puedas autoconocerte mejor. De no ser así, de no estar seguro de lo que realmente quieres, tu propósito en la vida podría estar viciado, al decir que pudiera ser el propósito de otras personas o lo que según falsas creencias es lo mejor para ti.

La reacción de todos o de la mayoría sería: "No lo creo, yo sé lo que quiero", o "¿quién me va a manipular a mi edad?" Pues déjame darte algunos ejemplos de que si es posible que tus deseos y sueños no sean tan tuyos como crees: muchísimas personas estudian una carrera porque sus padres son profesionales en la misma rama y han tenido éxito, y para ellos es más fácil seguir sus pasos que hacer unos nuevos, pero lo cierto es que secretamente el hijo o hija siempre quisieron otra cosa muy distinta, pero para no molestar a sus padres y en agradecimiento por todo lo que estos han sacrificado por ellos, decidieron enterrar muy profundo sus verdaderos sueños y seguir el curso de la corriente establecida.

Otras ideas plantadas son las ideas de la publicidad masiva a la que estamos ya acostumbrados, y es que el proceso de repetición constante de una idea queda en el subconsciente colectivo. Por ejemplo, la continua publicidad dirigida a los jóvenes sobre seguir la carrera de programación en computadoras porque esta es la "carrera del futuro" podría poner en dudas las inclinaciones de un joven que le gusten las plantas y la botánica, y esto es solo un ejemplo de los miles de propagandas sobre cualquier cosa a la que todos estamos expuestos cada día.

Un concepto relativamente nuevo es el de los llamados influencers, estos son producto de la publicidad exagerada y adulterada, nada de ellos es natural, solo buscan millones de visitas, likes o visitas de sus videos sin sentido, pero su falso brillo encandila a los miles de adolescentes que solo quieren seguir sus pasos, ignorando lo que en realidad quieren.

Ahora bien, la cuestión del millón de dólares es: ¿son felices estas personas que han hecho caso omiso a sus propios deseos?

La respuesta es NO, y a prueba las dan las estadísticas algo siniestras:

Según la Organización Mundial de la Salud (OMS) la depresión en todas sus escalas afecta a un 3,8% de la población, incluidos un 5% de los adultos y un 5,7% de los adultos de más de 60 años. En 2021 se estimaba que había unas 280 millones de personas con esta enfermedad mental.

Conocerse bien a sí mismo no es tarea fácil, es más, puede que nos lleve años o toda la vida llegar a conocernos del todo, todo influye en nuestra personalidad, nuestras experiencias nos cambian y lo que deseábamos de jóvenes puede que no sea lo mismo en nuestra edad adulta. A continuación tres pasos básicos para autoconocerse mejor:

Ser honestos con nosotros mismos: el primer paso para llegar a conocernos a nosotros mismos es la sinceridad, liberándonos de las trampas del autoengaño, nos adentraremos más dentro de nuestra propia mente, mejorando nuestra capacidad analítica y cuestionando todo lo que mencioné anteriormente acerca de las influencias externas que nos moldean falsamente.

La honestidad con nuestro propio ser tiene que ver con la autopercepción que tengamos de nosotros mismos, se trata de tener una percepción realista de cómo nos vemos y cóm somos en realidad.

Los recuerdos que tengamos de nuestra niñez muchas veces determinan cómo nos comportamos. Es necesario hacer memoria, (aunque sean recuerdos dolorosos) para observar en qué parte de nuestro camino aceptamos ciertas creencias como nuestras.

El autoconcepto no es más que un grupo de características que conforman la imagen que nosotros mismos tenemos, generada por nuestros propios juicios de valor.

Después de observar y canalizar nuestras virtudes y defectos, que es el resultado de la autogestión del conocimiento propio, solo nos queda la autoaceptación. Reconocerse tal cual se es y finalmente aceptar lo que está frente al espejo, es un acto imprescindible para el próximo paso en nuestro camino al autoconocimiento, para por fin saber cuál es nuestro Ikigai.

Autoestima: la autoestima se basa en el amor propio, conociéndonos a nosotros mismos podremos trabajar en mejorarla, ya que necesitamos una revisión más profunda de cómo nos valoramos y como nos despreciamos. El conocerse bien nos genera un mapa con caminos, que nos señalan donde invertir más amor y aceptación.

Definitivamente, el autoconocimiento y la autoaceptación elevan exponencialmente la autoestima de las personas, pero ¿por qué es esto importante para llegar a tu verdadera razón de ser, a tu Ikigai?

Veamos este ejemplo: una joven hija de un odontólogo, estudia la misma carrera que su padre para que esté orgulloso, la insta a eso para que algún día "herede" los pacientes de papá, ella se gradúa, se casa con el hombre soñado, otro profesional aceptado por sus padres y por la sociedad donde ella se mueve. Se compran coches del año, una hermosa casa y tienen una vida social estable, pero aun así nuestra joven siente un vacío existencial, una especie de algo me falta en la vida, decide tener un hijo a ver si la maternidad le quita esas ideas locas de salir corriendo, pero no, no le ayuda y sufre de depresión postparto.

Ahora es más difícil salir de ese vacío, todo por no seguir su instinto que no era otro que ser montañista, viajar por el mundo y conocer la maravillosa naturaleza del planeta y ser una activista pro-ambiente.

Tal vez sea una experiencia extrema o mal manejada, lo cierto es que en ocasiones percibimos nuestra insatisfacción y la ponemos de lado obligándonos a seguir por el mismo camino, porque es lo que se espera de nosotros o porque simplemente tememos dejar nuestra zona de confort. Hacemos caso omiso a nuestros sentidos para no ver ni oír esa voz interna que nos pide a gritos que la dejemos salir.

Conocerse a uno mismo de manera objetiva y honesta es el primer paso para quererse y amarse, no amamos a personas que no hemos conocido aún, y el amor se alimenta de eso precisamente, del conocimiento y el descubrimiento emocional

Saber cuáles son nuestras virtudes y nuestros defectos es importante para poder observarnos de manera realista, y no dejar que la baja autoestima distorsione nuestra realidad exagerando los aspectos negativos. Una vez tenemos conocimiento de quiénes somos en realidad y hacia dónde vamos, podemos ponernos en marcha para vivir satisfechos con nosotros mismos y preparados para ir dando pasos hacia el redescubrimiento de nuestro Ikigai.

El autoconocimiento mejora potencialmente nuestras habilidades sociales y tendremos la capacidad de reaccionar y reconocer lo que sienten los demás y actuar de forma acorde, respetar a los demás y hacernos respetar. Indudablemente, la aceptación personal también mejorará, ya que nos aceptaremos con nuestras habilidades y otros aspectos que pueden no ser tan buenos, pero al final son una parte indeleble de nuestra personalidad.

Capítulo 3
Vivir el momento presente

Ya que viste los pasos necesarios para el autoconocimiento, veremos otro factor que determina vivir en la filosofía Ikigai, y esta es vivir en el momento presente, ser conscientes en el aquí y el ahora te hará enfocarte precisamente en buscar eso que quieres, ese deseo que mueve tu alma, sin la distracción de vivir en el pasado ni preocuparse demasiado por el futuro.

Se ha repetido esto hasta la saciedad, muchas técnicas como mindfulness, alientan y explican el porqué es importante ser consciente del ahora. Sin embargo, muchos de nosotros, debido a las prisas, el trabajo, la multitarea y el resultado estresante de este modus vivendi, simplemente lo olvidamos y es en tiempos de dificultad máxima, (ante una tragedia, una separación o un despido laboral) que nos volvemos conscientes de lo que está pasando justo ahora.

Ikigai nos enseña que el objetivo final es una meta importante, pero jamás menosprecies lo maravilloso del viaje, ese que paso a paso te acercará a tu vida soñada.

Vivir pensando en el futuro, o quedarnos atascados en vivencias del pasado, sacrifica nuestro aquí y ahora y la vida va pasando sin disfrutarla realmente. La cultura oriental es muy sabia en este aspecto y todas sus filosofías dan una advertencia en cuanto a dejar pasar el presente y vivir imaginando problemas que solo pasan en nuestra mente, centrándonos en lo que no queremos o lo que nos da temor, es allí donde dejamos pasar el ahora, la vida.

Esta manera de vivir, siempre anticipando lo negativo, nos pone en el camino del sufrimiento, el mal humor y la infelicidad, todo lo contrario a lo que el Ikigai predica: felicidad, aceptación y positivismo para llevar una vida larga y productiva.

¿Por qué nos resulta tan difícil vivir en el aquí y ahora?

La era moderna nos mantiene horarios llenos de compromisos, debido a las múltiples metas que nos hemos fijado en la vida, y si vivimos o trabajamos en un ambiente competitivo, esto nos hace vivir en aceleración constante en una especie de piloto automático. La mayoría de tiempo estamos preocupados por cosas del pasado o peor aún, por cosas que aún no han ocurrido, el foco de nuestra atención jamás está en el presente, tal vez lo hacemos para evitar el dolor emocional o tener que lidiar con los problemas cotidianos, lo cierto es que, sin darnos cuenta esto no nos deja vivir con plenitud y disfrutar del aquí y ahora.

Para vivir el momento presente tenemos que estar determinados a vivir ese dolor emocional, enfrentarnos a los problemas sin miedo, solo si aprendemos a gestionar nuestros problemas, podremos vivir el ahora.

Las creencias equivocadas que traemos de nuestra niñez, como que el pensar en uno mismo y dedicarnos tiempo a nosotros, es señal de egoísmo, que debemos controlar nuestras emociones a tal punto que prácticamente se prohíbe el enfrentar el dolor emocional, todas esas falsas creencias te impiden concentrarte en ti, en el momento presente. Si hay algo que debes tener claro es que las emociones malas también forman parte de la vida y no las puedes eliminar, lo que sí puedes es permitirte sentirlas y gestionar como vas a responder ante ellas, evitarlas a toda costa no es la salida, tienes que enfrentarlas y aprender a controlarlas.

¿Cómo centrarte en el hoy y no en el mañana?

- Toma una decisión y ponte en acción, si quieres hacer un viaje, emprender un negocio, renunciar a ese empleo, invitar a salir a esa persona especial, o darle un giro a tu vida en cualquier sentido ¡hazlo ya!

- No te concentres en los posibles percances, toma conciencia del ahora, sé feliz con los acontecimientos, tú no controlas lo que pueda o no pasar, te preocupes o no, todas las cosas acontecerán de igual modo.

- Idealizar un futuro imaginario que, según tú, pasará con solo tus pensamientos, es una verdadera pérdida de tiempo. Te doy un ejemplo: Si piensas las 24 horas en el final de tu carrera universitaria y de cómo serás feliz cuando te gradúes, te mantendrá preocupado y no podrás disfrutar del viaje hacia tu meta, no disfrutarás las pequeñas cosas de la vida porque estás concentrado en el futuro y no en el presente.

- Las personas controladoras son las que menos viven o disfrutan el momento presente. Tienes que entender e interiorizar que no puedes controlar todos los eventos de tu día a día, y mucho menos los de los demás. Así que haz este ejercicio de reconocimiento: Identifica (si quieres los escribes en un papel) aquellas cosas que NO puedes cambiar, lo que se escapa de tu dominio, por lo que no puedes hacer absolutamente nada y hazte estas preguntas ¿Por qué lo quiero controlar?, ¿a qué le temo en realidad?, ¿qué sentido tiene preocuparse por aquello que no puedo controlar?

Y por último, debo hacer mención a otra práctica milenaria, que tiene su origen en el budismo: La meditación. Hoy en día la filosofía llamada mindfulness ha modernizado esta práctica y se ha convertido en una bandera para la atención plena para traer tu mente al momento presente, además de otras ventajas en cuanto a relajación mental y física.

Los tres pilares de la meditación son:

- Ser conscientes del momento presente, del aquí y ahora.

- Contemplar lo que sentimos, lo que pensamos y lo que pasa por nuestra mente sin emitir juicio, tanto si nos parece bien como si nos parece mal.

- Experimentar el sentir compasión sana por nosotros mismos y por el resto de seres vivos.

Meditar es una herramienta poderosa para aprender a vivir en el momento presente, y es una buena técnica para incorporar a nuestra vida cotidiana.

Capítulo 4
Descubre cuál es tu propósito de vida y llévalo a cabo

El propósito de vida es la dirección que una persona marca para su propia existencia, tener un propósito de vida personal es fundamental para el desarrollo y cumplimento de tus metas y objetivos.

Lo primero que necesitaremos para encontrar nuestro propósito es hacer un trabajo de introspección sobre las cuatro columnas que sostienen nuestra vida.

- La primera columna es la que sostiene nuestros gustos y deseos, lo que realmente amamos hacer.

- En segundo lugar está la columna de lo que hacemos muy bien, para lo que somos realmente buenos

Tus aptitudes + lo que amas realmente = Tu pasión

- La tercera columna tiene que ver con las cosas que amamos, para lo que somos buenos y además nos pueden pagar por hacerla, es decir, podemos vivir de la actividad que verdaderamente amamos.

Lo que amas hacer + en lo que eres realmente bueno + por lo que te pueden pagar = Tu profesión

- La cuarta y última columna sostiene todo aquello que con nuestra pasión podemos aportar para el bien común, tiene que ver con mejorar, aunque sea un poco el resto del mundo.

Lo que amas y haces bien + por lo que te pueden pagar + lo que puedes ofrecer al mundo o a tu comunidad = Vocación y misión.

¿Qué sucede cuando unes todos estos elementos? Que encuentras tu pasión.

Por supuesto no es tan fácil como ver unos gráficos, por eso dediqué un capítulo al autoconocimiento, debes conocer lo que realmente amas para poner en marcha el proceso que te llevará a tener un propósito de vida tu Ikigai personal.

Descubriendo tu vocación, fantasía y realidad

Descubrir cuál es nuestra vocación es algo que nos apasiona desde niños, todos recordamos la clásica pregunta que nos hacían nuestros padres, ¿Qué quieres ser cuando seas grande? Las respuestas eran diversas, astronautas, inventores, superhéroes, doctores, científicos, etc. Y aún ya grandes nos sentimos inspirados cuando hablamos de sueño, pasión, vocación o propósito en la vida, no obstante también puede ser un tema que resulte obsesivo para algunas personas, si no encuentras rápido y definitivamente eso para lo que has nacido.

Esta idea de que debemos saber a ciencia cierta cuál es nuestra misión en la vida, lo más pronto posible, en vez de traernos paz, puede dar pie a situaciones de estrés. Lo que debería ser un camino alegre y apasionante.

Es importante que no te sientas inferior si tienes treinta, cuarenta o cincuenta años y aún no has logrado dar con eso que te apasiona y lo que se podría definir como la misión de tu vida. Deja de sentir culpa, la búsqueda de nuestra pasión debe ser un camino lleno de alegrías, algo placentero, paciente y sin presión alguna.

A continuación te enseñaré cuatro de las fantasías más recurrentes y que pueden estar entorpeciendo que encuentres tu verdadera vocación:

- Tu vocación tiene que ser la misma desde que naces

Cuando se habla de vocación, las personas visualizan una sola cosa en concreto, algo así como cuando eran niños y soñaban con ser aquellos héroes de la infancia. Déjame decirte que no todo el mundo es igual, existe infinidad de personalidades y muchísimas personas disfrutan de realizar varias experiencias con el mismo ímpetu, y estas pueden variar a lo largo de los años dependiendo en qué etapa de la madurez se encuentren.

Una de las características de este tipo de individuos es que les gusta aprender cosas nuevas. Es cierto que para llegar a ser muy bueno en cualquier profesión debes enfocarte y persistir, pero si se acaba el interés y sientes que te apasiona otra cosa, puedes cambiar de parecer y concentrarte con el mismo entusiasmo en algo distinto.

Si has trabajado por largo tiempo en lo que has estudiado, es un camino, no el único. En el momento en el que te propongas cambiar de oficio o estudiar otra cosa puedes hacerlo, hay momentos en los que nuestras prioridades pueden cambiar, después de un divorcio, a raíz de una enfermedad o tras una pérdida de un ser querido. Es en esos momentos en los que nos planteamos como hemos llevado la vida y tenemos todo el derecho de cambiar de dirección.

- Tu vocación debe ser espectacular y hacerte millonario

Ser famoso y millonario aparentemente es el sueño de todo ser humano. Pues eso es falso. Quizá por eso existen muchísimas personas que no ponen sus mejores dones en práctica porque creen que no son lo suficientemente grandiosos y no los harán millonarios. Esto va más en relación con la ambición desproporcionada y una falsa apariencia que con los principios básicos del Ikigai. La verdadera pasión puede ser trabajar con madera, pintar un cuadro, ser artesano en tu propia comunidad y contribuir con su desarrollo, etc...

Por supuesto hay personas que brillan de las dos maneras, por ejemplo: sé de un famoso actor que además de dejar un legado en la actuación, ha fundado casas de cuidado de gatos y perros, dándole a los animalitos de la calle una mejor vida. Esto es loable, él no se conformó con una sola pasión, trabajó en la primera y esta dio pie para poder hacer realidad su otra pasión: ayudar a estos animales desamparados.

- Poner fecha a tu vocación: mientras más temprano mejor

Esta es otra de las fantasías en torno a la vocación, y aparte de no poseer ningún fundamento causa ansiedad y estrés no solo entre los jóvenes, personas de cualquier edad llegan a sufrir de estrés, pues según esta premisa falsa, han desperdiciado su vida si tienen más de 35 años.

Pienso sinceramente que jóvenes de veinte años deben experimentar, descubrir, amar y hasta sufrir, y según van avanzando en la vida conocerse más, algo imprescindible para saber lo que quieren realmente. Recuerda que si hay un tiempo para equivocarse y volver a comenzar es mejor en la juventud, luego los errores nos costará más subsanarlos, tanto en tiempo como en esfuerzo emocional.

- Primero llega la inspiración y después la aceptamos y la practicamos

Esta fantasía es la más común de todas, la mayoría de las personas siempre piensan que lo que nos gusta de pequeños es lo que nos apasiona y que luego tenemos que estudiar ese tema en particular y ser los mejores en ello. Pues déjame decirte que no sucede así, no es tan fácil descubrir la vocación a las primeras mira este ejemplo:

A Pablo de pequeño le gustaban los camiones de bomberos y en algún punto de su infancia determinó que quería ser bombero, ya en su adolescencia aprovechó en su escuela la asignatura de prácticas de vocación y fue a la estación de bomberos de su localidad, allí había un joven bombero con parte de la cara llena de cicatrices debido a un accidente apagando un incendio, Pablo se acercó a él y le preguntó por el accidente, el bombero le dijo "las llamas son reales, el peligro es real, y le puede pasar a cualquiera de nosotros, es un riesgo que va con la profesión"

Desde ese día Pablo se cuestionó su gusto por ser bombero, y aunque era una profesión loable él terminó por decidir que no quería estar cerca de las llamas de un incendio, aquello lo aterraba. Ese temor no debe ser motivo de vergüenza, simplemente hay gente que nace para atravesar el peligro y otras no.

Lo mejor para saber si tenemos madera para eso que nos gusta es hacer una especie de pasantía por la profesión u oficio, si crees que adoras los perros trabaja medio tiempo cuidándolos en algún refugio, ofrece sus servicios para sacarlos a pasear y allí te darás cuenta si de verdad puedes hacerlo por mucho tiempo, y si lo disfrutas de verdad.

La inspiración llega cuando estás en acción, cuando realizas cualquier labor y en tu cabeza algo hace clic y te dices a ti mismo, "para esto nací" pero como dicen muchos escritores: "la musa te tiene que encontrar trabajando"

Puede resultar frustrante pensar obsesivamente cuál es tu don definitivo y por eso escribo este libro, debes saber que Ikigai se trata de conseguir lo que realmente te gusta, en perfecta coherencia con tú yo interior, con tu autoconocimiento y en parte tu madurez. Es decir, no es con tus pensamientos e imaginación que te llegará tu Ikigai sino con la acción y el compromiso contigo mismo.

Ikigai

Muchas personas han encontrado su "llamada" cuando llevan un tiempo haciendo una labor o trabajo determinado, y esta labor les exige que pongan su mente e inspiración en acción, ya sea para resolver problemas o para mejorar aquello que hacen. Es así, a través de la práctica continua que asimilan la verdad y la realidad de lo que están haciendo y pueden discernir si su propia expectativa va acorde a lo que soñaron o la realidad difiere de lo que tenían en mente.

Capítulo 5
Conociendo tus puntos fuertes, en qué eres realmente bueno

Posees más valía de la que crees. Una de las cosas que genera el conocerte a ti mismo y conocer tu Ikigai es que te vuelves más fuerte y seguro de ti mismo.

Una de las ventajas de esta filosofía japonesa es que nos permite vernos en nuestra justa dimensión, descubriendo habilidades dormidas y volviéndonos seguros, nos adaptamos mejor a los cambios, encaramos mejor los desafíos de la vida, tomamos decisiones basadas en hechos no fantasías, en fin, alcanzamos un máximo de nuestro potencial humano.

Ventajas de conocer nuestro verdadero potencial humano:

Nos conocemos más íntimamente

El autoconocimiento es la clave para saber qué queremos, cuáles son nuestros sueños más profundos es un proceso de reflexión en el cual nos hacemos más conscientes de nosotros mismos y es la puerta que abre la autorrealización, permitiéndonos conocer una variedad de virtudes y defectos que quizá no éramos conscientes. Lo más importante es que al conocernos mejor nos aceptamos tal y como somos y nuestra seguridad en nosotros mismos se acrecienta positivamente.

Nuestra autoestima crece

Nuestra base psicológica se sustenta en la autoestima, el percibirnos y valorarnos de manera positiva y realista nos ayuda a crear y sacarle provecho a las oportunidades que se nos presentan en nuestro día a día.

Además de que las personas con una sana autoestima tienen la capacidad de llevar con más facilidad la cuarta etapa de Ikigai: Influir de manera positiva en su entorno, estar atentos a lo que pasa a su alrededor, cuidando su medio ambiente. En lo personal, una autoestima alta conlleva a una sensación de satisfacción propia, lo que les da una mayor felicidad, estado placentero que pueden controlar porque está basado en lo bueno que pensamos de nosotros mismos, y esto nos asegura un mayor grado de tranquilidad y alegría.

Pensamos con mayor enfoque y claridad

El enfoque y la concentración son quizás la mejor arma con la que cuenta la mente humana para conseguir metas y llevar a cabo los sueños. Recuerda, no solo vas a descubrir lo que más te gusta en la vida, tienes que llevarlo a cabo, por eso dedico un capítulo a este importante proceso de este camino (capítulo 6) donde te daré las pautas para mantenerte enfocado en llevar a la práctica lo que está en tu imaginación.

La toma de decisiones ya no es un problema

Cuando nos conocemos mejor, confiamos más en nuestro propio juicio y esto da como resultado que podemos tomar decisiones de forma más asertiva, teniendo en cuenta todas las posibilidades y no solo tus propios intereses, basándote en el bien equitativo de las partes.

Nos adaptamos con más facilidad a los cambios

Los cambios y lo nuevo, siempre genera un poco de miedo, después de todo vamos a adentrarnos en lo desconocido. La filosofía de Ikigai nos enseña a mirar en nuestro interior, a reconocer nuestras debilidades y cómo enfrentar, desde la aceptación, las eventualidades que estarán en nuestro camino.

Cambiamos nuestros paradigmas

La visión que teníamos del mundo y de nosotros mismos ha cambiado, por ende nuestras creencias también, las personas que trabajan en su crecimiento personal desde adentro, pueden identificar las trampas cognitivas y emocionales que entorpecen su desarrollo personal, hacerles frente y cambiar esas falsas creencias por nuevas más acorde con su nueva personalidad más segura y conforme consigo misma.

Disfrutamos la vida en su justa medida, enfocándonos en el presente

Ya he dedicado un capítulo a vivir en el momento presente, pero es muy importante este paso para conseguir los anteriores: si no logras vivir en el aquí y el ahora, disfrutarlo y estar consciente de ello no llegarás a concer tu Ikigai. No es fácil, después de todo el pasado también forma parte de lo que somos como personas, así que no peleamos con los recuerdos y las expectativas, simplemente somos conscientes de esos pensamientos y traemos la mente de inmediato al momento presente, nos enfocamos en lo que estamos haciendo y así podemos construir unas bases magníficas para nuestro futuro de ensueño.

Lo mejor de descubrir que posees estas fortalezas, es que comienzas a manejarte con ecuanimidad, tanto en tiempo de calma como en tiempos de adversidades. Las cosas suelen suceder de forma imprevisible, algo negativo que nos pone a prueba, la pérdida de un trabajo, una ruptura amorosa, por supuesto que duelen y nos dan miedo, nos paralizan, sin embargo, cuando echamos manos de nuestras herramientas de repente nos descubrimos superándonos y hasta olvidando alguna vivencia dramática.

Entonces te das cuenta de que dentro de ti habitan recursos maravillosos, y a través de conocer tu Ikigai y todo lo que esta magnífica filosofía conlleva, has aprendido a gestionar tus emociones, aprendiendo a lidiar con el dolor, optando por la alegría y motivándome a seguir adelante. Lo has logrado porque has conseguido tu Ikigai y este ha calibrado la brújula personal que te guía.

Otro punto que podemos superar es el de salir de nuestra zona de confort, entendemos que aunque es una zona segura (relativamente) es donde los acontecimientos son predecibles y damos todo por sentado y donde un solo movimiento en falso pone en jaque toda nuestra lograda estabilidad. Somos

Ikigai

conscientes de que cuando sentimos que nuestro mundo se desmorona, es cuando más necesitamos los recursos que son propios de una personalidad segura: autoconocimiento, sana autoestima, seguridad para decidir estar enfocados en las soluciones y no en los problemas y saber discernir cuando una falsa creencia guía nuestra percepción y cuando no.

Entendemos que fallar es algo propio de humano, ¿que pasa si cometemos un error en cualquier situación, o no tomamos una decisión a tiempo?, no pasa nada, volvemos a intentarlo, esta vez conscientes de los errores y es muy importante aprender de ellos, porque nadie es perfecto. Todos nos equivocamos en algún momento, pero esto no quiere decir que todo está perdido, por el contrario, un viejo refrán reza: quien nunca se equivocó, jamás hizo nada; este no es tu caso, mientras más hagas por ti, por tu relación, por tus familiares o por tu trabajo e incluso por tu comunidad, podrás equivocarte.

Tu realidad cambia al descubrir y confiar en tus fortalezas, identificas con mayor madurez tu verdadero Ikigai y vas por él, sin embargo, para que llegues a tu centro y tu verdadera vocación es necesario que tengas alineados estos tres procesos excepcionales, estas fuerzas que te ayudarán hacia la conquista de tus sueños:

Hablamos de la emoción, el pensamiento y la acción.

Emoción

Los sentimientos son el producto de nuestros pensamientos, y nuestros pensamientos provienen de nuestras creencias, así que las emociones tienen que estar en coherencia con lo que creemos, y ¿en qué debemos creer para que nuestro Ikigai esté balanceado? Lo hemos estado diciendo a lo largo de estas líneas, creer en nosotros mismos, auto-aceptando nuestra personalidad, creer que somos capaces de ejercer nuestra pasión, y llevarla a cabo de una manera feliz y en armonía para todos.

Solo así nuestros sentimientos son positivos, humildes y llenos de alegría, y lo que es más importante, transmitiremos esa buena vibra a los demás y seremos como una llama en medio de la oscuridad, una guía para aquellos que recién emprenden este camino.

Dos requisitos para encontrar tu Ikigai:

Revisar tus pensamientos: como dije anteriormente, nuestros pensamientos vienen de nuestras creencias, muchas de ellas heredada de nuestra niñez, pero que en el fondo no son nuestras, es posible que tengamos pensamientos erráticos, pues estos se mecen entre lo que has escuchado toda la vida y lo que realmente piensas, lo que sientes muy dentro de tu corazón. Es por esto que debes revisar tus creencias, tienes que estar seguro o segura de que son tuyos y no heredados o implantados por la publicidad y la propaganda externa. Solo así sabrás que tus pensamientos son tuyos y de nadie más.

Tomar acción

Ponerse en acción es un requisito que además de obvio y necesario te hará ganar experiencia, y como dije anteriormente podrás hacer muchas cosas, entre ellas equivocarte, para así aprender y mejorar cualquier plan que tengas en tu presente-futuro, así derribarás muros poco a poco y tu camino quedará despejado logrando atraer a la realidad lo que tu mente y tu corazón han visionado. En el capítulo siguiente hablaré de la importancia de enfoque cómo y por qué y tenerlo para completar tu Ikigai.

Capítulo 6
La importancia de enfoque y el compromiso con tu Ikigai

El enfoque es la facultad que tenemos todos de mover nuestra energía mental en una determinada dirección y poder mantenerla sin distraernos. La atención y la concentración están unidas al enfoque, esto nos ayuda a cumplir metas, aprender, y manejar de forma correcta todas las tareas que aprendamos en el camino, y por ende a conseguir desempeñarse con excelencia en nuestro Ikigai.

Un enfoque mental pobre entorpece este crecimiento, pues, nuestro tiempo de aprendizaje se extenderá y lo que podríamos aprender en un mes se convertiría en años, esta demora es aplicable para todo, la falta de enfoque nos hará cónyuges descuidados, trabajadores inestables, y por supuesto estudiantes mediocres. La filosofía de Ikigai en su segundo punto importante insta a que cuando descubrimos lo que nos gusta, además de amarlo, debemos ser buenos en eso , tener conocimiento y poder ejercer de manera excelente, y esto solo se logra si tienes el enfoque en lo que estés haciendo.

Características de un buen enfoque mental

Estás en el presente

Si vives recordando glorias pasadas, no estás en el aquí o vives pensando en el futuro, en cómo será o en las dificultades que te puedan surgir, corres el riesgo de sufrir de ansiedad. El enfoque mental solo es positivo si estás en el momento presente.

Tienes autocontrol

Las emociones no deben ser encerradas, pero esto no quiere decir que vas a ir por la vida con ataques de ira, porque a largo plazo la rabia es algo inútil para conseguir avanzar en tu carrera u oficio, sin mencionar que hace justo lo contrario: te quita el enfoque y te nubla la concentración en lo que debes hacer correctamente.

Concentración al máximo

Las personas enfocadas están en constante pugna con las distracciones, nadie dijo que fuera fácil, pero al estar consciente de lo que tienes que hacer, lo haces, observas las distracciones y vuelves a lo que te interesa. Es importante que entiendas que no quiero decir que te conviertas en una especie de robot, solo que tengas presente la importancia de estar trabajando en tu sueño, recuerda que es lo que amas y por lo que vale la pena el esfuerzo.

Óptima gestión del tiempo

Este punto es el complemento de todos los demás, repito, no se trata en que te conviertas en un autómata o algo parecido a un programa de computadora, tú eres un ser humano y como tal eres propenso a las distracciones, es normal. Mi consejo es que gestiones el tiempo de concentración, enfócate en algo que tengas que hacer por un tiempo límite, digamos 30 minutos, pon toda tu atención esos minutos y luego tomate un descanso, digamos que de 10 minutos en los cuales puedas revisar tu correo o simplemente buscar en Google esa idea que se te ocurrió, más no te extralimites de tiempo de descanso y vuelve a enfocarte.

Confía en lo que haces

Las personas con suficiente confianza en sí mismos, se enfrentan a las dificultades, con la seguridad en que podrán resolverlas. Se concentran en los pensamientos positivos e ignoran las voces negativas de su subconsciente, porque ellos están al tanto de que la duda puede costarles la no consecución de sus metas. Por eso ganan sus batallas primero en su mente y luego en la realidad.

Ten fe en quienes te rodean

Si algo se aprende del Ikigai y de esta manera de vivir es la confianza en el prójimo, las personas que están trabajando en su sueño interior tienen fe en su equipo, su empresa, sus familiares o amigos, porque ellos tienen claro lo que quieren. Han logrado, gracias a su enfoque, depurar su entorno de personas o compañías laborales que no aportan nada positivo a la consecución de sus deseos.

Ahora bien, si estás en una etapa en la que te cuesta concentrarte y mantener el enfoque, las siguientes pautas te podrían ayudar:

Pregúntate ¿Cuán organizado/a eres?

Es importante que hagas una autoevaluación sincera acerca de tu situación actual, debes hacerte estos cuestionamientos. ¿Eres organizado, sabes priorizar o, por el contrario, vives en un completo caos y te distraes con facilidad?

Lo ideal sería que tuvieras una lista de prioridades, de cosas por hacer, pero es un error hacer una enorme lista que jamás podrás completar en un día, así que solo escribe una lista de 3 cosas por hacer en un papel, y concéntrate solo en una, al realizarla pasa a la siguiente, así cuando completes estas minitareas te sentirás bien contigo mismo y estarás listo para pasar a las siguientes 2 o 3 tareas, haz primero las más urgentes, pero siempre con un máximo de 3 así no te sentirás agobiado y el hecho de poder terminarlas te dará más confianza en lo que puedes terminar para seguir trabajando.

- Organizar cada día las actividades que vas a realizar e ir anotando los resultados que obtienes, te dará la posibilidad de valorar tu desarrollo. Además, por cada minitarea que completes, tu cerebro te recompensa con una liberación motivadora de dopamina.

- Pon las distracciones en segundo lugar: esto también se trata de priorizar, aunque vivamos en un mundo donde la tecnología nos ha acostumbrado a la inmediatez, debemos ser fuertes e ir primero a lo que de verdad nos interesa.

Ikigai

Esta es la generación del móvil en la mano y la atención en una pantalla, pero esto solo nos distrae y nos aleja de nuestra meta: cuando estés en tu tiempo de trabajo lo mejor es desconectar tu móvil, estar en un ambiente tranquilo donde no haya interrupciones constantes, y recuerda que la mente necesita descanso luego de un periodo de concentración determinado.

- Ejercita tu cerebro: aprovecha la plasticidad del cerebro para entrenar tus habilidades cognitivas, entre ellas el enfoque mental; pero cuidado, porque esto funciona en los dos sentidos: si estás acostumbrado a distraerte, soñar, despierto/a y procrastinar tu cerebro se acostumbra a esto y te llevará a repetir estas distracciones a menos que le enseñes nuevas y productivas formas de pasar el tiempo

Se han realizado estudios e investigaciones sobre este tema, los expertos aseguran que bastan solo 15 minutos al día para entrenar tu cerebro y lograr un mejor enfoque, a continuación te mostraré algunos de estos ejercicios que no son más que tareas y pasatiempos sencillos que de seguro haces sin pensarlo:

Practicar aritmética simple a diario:

Las matemáticas por más sencillas que sean son el mejor ejercicio para fortalecer la memoria y aumentar el potencial cerebral, se ha comprobado que resolver problemas de aritmética mejora significativamente las funciones cognitivas de las personas en edad madura y por ende la atención mejora. En la actualidad existen muchas aplicaciones que puedes tener en tu teléfono móvil, allí encontrarás problemas aritméticos con un temporizador para probar tu progreso, así en vez de este ser una distracción se convertirá en un aliado.

Resolver sudokus:

El sudoku consiste en rellenar una cuadrícula con dígitos del 1 al 9 sin poder repetirlos en la misma dirección, es un juego que exige trabajar con la mente y adiestra al cerebro a la resolución de problemas, según estudios en personas mayores de 50 años, su función cerebral mejoró luego de resolver cada cuadro de sudoku.

Hacer puzzles

Esta actividad es de las más populares tanto en jóvenes como en personas mayores, ya que obliga al cerebro a analizar cada movimiento para ver dónde encaja cada pieza mientras en la mente se ve la imagen completa.

Escribir a mano:

En la era de lo digital la escritura a mano se ha ido olvidando, se ha sustituido la forma manual de tomar apuntes por el teclado de un móvil, de una tablet o laptop, no obstante, la escritura manual es una habilidad que debería tener toda persona, sin importar la edad, ya que ayuda a obtener un aprendizaje más significativo y duradero. Esta práctica hace que la mente se desarrolle mejor, integrando tanto los movimientos de la mano como el pensamiento en áreas del cerebro que graban esta conexión, haciendo que cada vez se mejore tanto en velocidad como en entendimiento.

Es por esto que es una práctica muy recomendada para estudiantes, al mejorar su enfoque su rendimiento alcanza excelentes niveles.

Leer:

Leer es la práctica por excelencia para potenciar el cerebro y ayuda significativamente al pensamiento cognitivo. Este aprende intuitivamente que existe un abanico de posibilidades, además se ha comprobado que mientras se lee la conectividad cerebral aumenta y se relajan las tensiones causadas por el exceso de estrés, lo que te vuelve calmado el estado de ánimo ideal para lograr un enfoque productivo.

Aprender otro idioma:

Se ha comprobado que aprender un idioma nuevo ayuda a desarrollar partes de la corteza cerebral asociadas con la comprensión y la articulación de palabras, depura el proceso acústico y fortalece la facultad de aprender. También mejora la memoria y expande los niveles creativos de la persona, por todas estas ventajas, recomiendo, en lo personal, aprender otra lengua, esto contribuirá no solo a mejorar tu concentración, sino que te dará seguridad y confianza para asumir nuevos retos.

Hacer ejercicio: la salud es importante en Ikigai

La mejor manera de estar en armonía con lo que quieres y lo que haces es estar saludable, no solo en la mente, el cuerpo físico es parte de nosotros y al estar en desequilibrio, esto se traduce en nuestra vida en mala disposición anímica, lo que irremediablemente llevará tu foco de atención a esa dolencia que te aqueja.

Ejercitarse de algún modo es algo fundamental para la buena salud, no solo el cuerpo te lo agradecerá, la mente se verá beneficiada de múltiples maneras. Una simple caminata o ejercicios parecidos mejoran significativamente la función cognitiva incluyendo la memoria verbal, la fluidez y la atención.

En personas mayores, los ejercicios retrasan el deterioro cognitivo de la edad, incluso aminoran los riesgos de demencia. De manera que moverte de algún modo y estar activo, beneficiarán tu cuerpo y tu capacidad mental ampliamente.

Hacer cosas nuevas, desarrollar habilidades dormidas:

La expansión de las neuronas cerebrales no se logra solo con aprender un idioma, cualquier habilidad nueva que debas desarrollar te ayudará a activar el razonamiento lógico, y hará que el aprendizaje sea un continuo descubrir que te estimulará el intelecto, por lo que tu inteligencia se incrementará. Así que deja el miedo a un lado y experimenta nuevas emociones. En el capítulo 9 hablaré sobre disfrutar de las pequeñas cosas de la vida, conocer gente y tener un hobby, todo esto con el fin de que comprendas que conocer tu Ikigai no es suficiente si tienes una vida incompleta.

Capítulo 7
Plan de vida

No es fácil conseguir el sueño de nuestras vidas solo con pensarlo, debes implementar una estrategia de vida, porque si no hay estrategia, de nada valdrá saber cuál es tu verdadera vocación y tu camino hacia tus metas será accidentado y lleno de obstáculos. Por eso, una estrategia de vida te ayudará a convertir esos sueños en realidad tangible. La forma en que planificas tu vida no tiene por qué ser difícil. Solo necesitas saber a dónde quieres ir y cómo llegar allí.

Házte las siguientes preguntas: ¿Qué quiero lograr? ¿Hasta dónde quiero llegar? ¿Qué objetivos quiero alcanzar? Aquí hay algunos consejos que pueden ayudarte a despejar parte de tu recorrido. Estableciendo una maniobra correcta te dará la claridad para conocer si vas por el camino correcto al ir sumando objetivos logrados, por más pequeños que estos sean.

Por otro lado, conseguir tus objetivos y metas importantes redundará en una mejor motivación y satisfacción vital. Tendrás la sensación de que tu vida cambia por completo, por supuesto a mejor.

Ikigai

En innumerables ocasiones tenemos a la vista esos escalones u obstáculos que debemos vencer y que nos cuesta mucho por diversos factores: falta de conocimiento de ti mismo, creencias erróneas, falta de determinación, miedos, etc. En algunos casos nos sentimos tan perdidos que no sabemos ni siquiera qué tipo de motivación es la adecuada para lograr nuestros sueños.

La importancia de tener un plan de vida radica en que te ayudará a ser más productivo, prescindiendo y eliminando aquellas cosas en las que te estás esforzando pero que no te da los resultados que requieres para subir un peldaño más en la escalera de sus objetivos

Además, te llevará a una renovación interior, ya que lleva implícitos valores como la disciplina, el autoconocimiento, la perseverancia, la determinación, el positivismo, etc... De estos valores que tienen que ver con la filosofía Ikigai hablaré en el capítulo más extensamente. No pierdas de vista que al ir alcanzando tus metas, alcanzas tu realización personal en consonancia con tu vocación y con tu Ikigai.

Hay varios factores que se deben cumplir para que un propósito de vida se lleve a cabo, para que el plan sea realizable responde estas preguntas:

La meta que escojas ¿Te hará feliz?

¿Cambiará tu vida al conseguirlo?

¿Cuál es el propósito de tus metas? (dinero, amor, reconocimiento, salud)

¿Están estas en equilibrio con tu Ikigai o se anteponen?

¿Cómo te gustaría verte dentro de digamos cinco años?

Si tienes que evaluar todas las opciones, tienes que evaluar y desechar las que no cumplen con los estándares de excelencia, todas aquellas metas que no sean del todo tuyas, recuerda que tu vida tiene que tener un ajuste entre lo que te guste, en lo que eres bueno, por lo que te pagarían y lo que puedes dar al mundo, pero sobre todo tienes que eliminar las metas que no sean del todo realistas.

Los propósitos de vida se han ido popularizando demasiado, las personas hablan de un propósito de vida y muchas personas creen que es un simple anotar y pegar fotos en una cartelera, no me opongo a que visualices tu meta y tu sueño, pero estoy más a favor de trabajar por ellas incansablemente.

¿Cómo construyo mi propósito de vida?

Todo terapista hará las preguntas de tipo filosóficas, preguntas existencialistas, que no dejan de ser importantes a la hora de marcar un rumbo a seguir.

¿Quién soy?

¿De dónde vengo?

¿A dónde voy?

¿Te conoces lo suficiente?

¿Quién soy?

El autoconocimiento del que te hablé en el capítulo 2, es esencial para saber cuáles son tus puntos fuertes y tus debilidades. Tu carácter es crucial en el momento de trazar metas y llevarlas a cabo. Los valores con los que hayas crecido, en parte por la educación o por el legado de tus padres, como por lo que tú eres en realidad, qué es lo que ha forjado tu personalidad, todos estos elementos componen tú yo y te convierten en lo que eres.

Conocerse tiene que ver qué es lo que realmente queremos en la vida e identificar los recursos personales que tenemos para lograrlo. Del autoconocimiento parten los conceptos que van a ir fortaleciendo la autoestima.

¿Heredas cosas positivas y negativas? ¿De dónde vengo?

Este cuestionamiento es sobre todo lo que has vivido en tu más tierna infancia, lo que te repetían sus padres, lo que viviste en la escuela, el primer amor, los amigos, tu vida como universitario, tu vida como adulto, todo juega un papel importante, todo deja una huella en tu subconsciente sea bueno o malo, es importante tener las deudas psicológicas saldadas con el pasado para poder mirar hacia el futuro, esto es primordial.

¿Sabes lo que quieres? ¿A dónde voy?

Tener claro una meta u objetivo es tan importante como el viaje que te llevará a ello, no vamos a un aeropuerto a comprar un pasaje de avión y al preguntarnos a dónde nos dirigimos respondemos con un —¡No sé exactamente usted solo véndame un boleto! El empleado no se lo venderá, por más que insista, hasta saber cuál es el destino escogido por ti.

Sé que siempre te alentaré por vivir en el momento presente, pero hay circunstancias en los que es necesario ver en retrospectiva para tener claro una estrategia de vida y estar seguro a donde quieres llegar, ser conscientes en qué errores no quieres volver a reincidir, qué lecciones has aprendido de estos y lo más importante, como aprovecharás esta experiencia en tu presente.

Estrategias para tener un buen plan de vida

Ponerle fecha a tus sueños

Así mismo es importante en la vida conocer el camino real de tus objetivos, esto te hará trazar una línea imaginaria entre el ahora y el día de la consecución de tu sueño, dentro de 6 meses, un año, cinco años, ponerle fecha límite a una determinada causa te mantendrá enfocado, y te obligará a distribuir el tiempo a favor de tus esfuerzos.

No quiero decir con esto que sea una fecha rígida que no se pueda cambiar, pero se llaman fechas límites por algo. Teniendo en cuenta que tienes un tiempo estipulado para determinada tarea, te organizarás mejor en el aprovechamiento de los recursos que tengas disponibles. Sin esta autoexigencia tienes mayor probabilidad de no cumplir las metas previstas.

Ponte en acción

Tener una sinopsis o un resumen de los puntos importantes en un plan de vida es importante, porque te deja visualizar la dirección de tu esfuerzo y saber cuándo te estás alejando de tus objetivos.

Este resumen tiene muchos nombres, plano de vida, cartelera de sueños… no importa como lo decidas llamar, al final es un plan de vida. Hay personas que tienen una pequeña agenda o cuaderno solo para el plan de vida, donde van anotando todos los pasos dados, también las dudas y nuevas resoluciones o estrategias a seguir.

La flexibilidad en un plan es primordial, porque nadie es adivino para saber que te puede pasar exactamente en 3 días o una semana, los imprevistos son parte de la vida, por lo tanto, parte del plan. La palabra clave es la adaptación, rectificar la ruta, no el destino.

Detectar cuáles son tus fortalezas, y debilidades

Todos tenemos destrezas dormidas, despertarlas es la meta para seguir y triunfar en cualquier camino que decidas seguir. Es cierto, que las debilidades también cuentan, en este caso debemos trabajar en ellas hasta cambiarlas y volverlas nuestras aliadas.

Para facilitarte el camino, independientemente de tus puntos fuertes o débiles, a continuación te ofrezco 6 pasos para permitirte experimentar tu Ikigai implementando las siguientes estrategias.

Ikigai

No vivas más por inercia, cuestiónate si eso que haces te acerca o te aleja de tu alegría por vivir

Tú eres un ser único por lo que es absurdo que te midas con los demás, emular lo bueno que otros han hecho en tu área para tener éxito es una cosa, pero la envidia es algo negativo y un anti-valor

Aprovecha al máximo tus puntos fuertes y no te centres en tus defectos, solo así lograrás tus objetivos.

El Ikigai no es una moda pasajera que se adopta "para ver que pasa", si piensas así no has entendido bien que esta filosofía te cambia la vida y se convierte en ti, tú eres tu Ikigai, de hecho está bien decir vivo en Ikigai, mi Ikigai es fuerte. Esta es una energía que se levanta con nosotros cada mañana, de modo que ansiamos despertarnos para comenzar a hacer todo aquello que amamos.

Para vivir en Ikigai hay que ser valiente, seguro y con poder de decisión, pues este cambio en nuestras vidas va a exigir, en muchas ocasiones, que nos alejemos de todo aquello que nos entorpecen nuestro crecimiento personal, como personas tóxicas, relaciones sin futuro o malos empleos

Tienes que dejar la mentalidad de la falsa creencia sobre las culturas de oriente, creer que tienden a la pasividad y el conformismo; por el contrario, Ikigai te insta a buscar dentro de ti cada día, mejorar tu cuerpo, tu mente, tu estado de ánimo, tus relaciones interpersonales, tus finanzas etc. Como ves, Ikigai es acción.

Capítulo 8
Gratitud

La gratitud es un sentimiento de reconocimiento y estima hacia cualquier persona o situación en la que el individuo haya resultado beneficiado. Es una emoción que puede traspasar el tiempo, ya que sentimos gratitud, incluso por hechos que acontecieron en nuestra niñez.

Los increíbles beneficios para los que practican la gratitud van desde el bienestar emocional y mejoras importantes en nuestra salud física. Además, no se necesita un método específico ni horas de estudio para practicar la gratitud. Cualquier manera en la cual manifiestas agradecimiento repercutirá en tu salud de manera positiva, demostrando así, los asombrosos efectos neurológicos que el ser agradecido tiene sobre nuestro cuerpo físico y mental

Cuando una persona vive expresando gratitud, valora de forma exponencial lo que la rodea: la naturaleza, su relación con sus congéneres, todas las experiencias que experimente por pequeñas que parezcan, es decir, su atención se intensifica y logra mejorar su capacidad de enfoque y concentración.

Entonces si dar gracias es algo tan sencillo y nos da múltiples beneficios, ¿por qué a algunas personas les cuesta tanto dar este paso y ser agradecido en todo momento?

- Damos por sentadas las cosas cotidianas en nuestro día a día, no le prestamos atención ni le damos valor. Y la prueba de ello se evidenció en estos años de pandemia cuando en algunos países ni siquiera se podía salir a la calle. Antes de eso dar un paseo o simplemente caminar por la ciudad o el parque era algo que no agradecemos, pues lo dábamos por seguro.

- Ahora sabemos que es algo que podríamos perder de un momento a otro. Y ese privilegio de salir a la calle, al cine, a la playa es algo que deberíamos valorar y agradecer.

- Según los psicólogos nos cuesta expresar gratitud debido a que el cerebro tiene un sesgo de negatividad, esto quiere decir que estamos predispuestos a ver primero las cosas negativas de cada situación y nos concentramos en ellas en vez de en los elementos positivos. Sin duda, este sesgo negativo le permitió (hace muchísimos años) a la raza humana escapar de amenazas o situaciones que verdaderamente eran un riesgo para la existencia.

- Es debido a esto que ser agradecido en ocasiones requiere de un mínimo entrenamiento, que no es otro que agradecer al menos una vez al día por cosas buenas que tengamos a nuestro alrededor.

- Para acceder a los múltiples beneficios que el agradecimiento nos regala se debe superar ese sesgo de negatividad. Teniendo confianza en uno mismo, en primer lugar. De lo contrario, la persona se llena de estrés, ansiedad y en muchas ocasiones aparece la terrible depresión.

Beneficios del agradecimiento

Ser agradecido beneficia nuestra capacidad cerebral

Los estudios realizados tanto en Norte América y Europa han arrojado el resultado de que el hipotálamo se activa cuando experimentamos sentimientos de agradecimiento o cuando realizamos cualquier actividad generosa. El hipotálamo y su buen funcionamiento interviene en importantes funciones de nuestro organismo como el sueño, el apetito y el metabolismo.

También se corroboró que los actos de agradecimiento liberan grandes cantidades de dopamina, una merecida retribución que nos estimula y motiva para continuar agradeciendo, haciendo que con el tiempo agradecer se vuelva algo innato en nuestra personalidad.

Disminuye los síntomas de ansiedad y depresión

Estudios de personas que han manifestado síntomas de depresión o ansiedad demostraron que mantener un diario de gratitud o escribir notas de agradecimiento, aumentaba su bienestar emocional. Los síntomas de ansiedad también desaparecieron en un porcentaje significativo. Estas personas simplemente comenzaron a aceptar lo que la vida les había dado y comenzaron a apreciar lo que tenían en su presente.

Estos cambios se pudieron ver de manera tangible, ya que comenzaron a manejar emociones negativas, como la culpa y la baja autoestima, mostrándose más empáticos y amables con las personas a su alrededor.

A nivel físico aumenta tu energía y vitalidad

Podemos afirmar que la gratitud nos hace más fuertes, tanto a nivel mental como físico. Esto debido a que nos sentimos con mejor salud, mejora nuestro optimismo y por ende aumenta nuestra energía vital.

Esta energía se manifiesta en las mañanas porque luego de una buena noche de descanso (debido a los niveles óptimos de dopamina) despertamos descansados, con más ánimo y con positivismo para afrontar el nuevo día.

El dolor físico puede ser aliviado mediante el agradecimiento

Esta afirmación no es esotérica para nada, es más bien el resultado de liberación de dopamina que se experimentan cada vez que en verdad sentimos agradecimiento, y la ciencia avala esta teoría, pues la dopamina es un neurotransmisor importante que puede actuar como calmante en situaciones de dolor físico.

La persona agradecida se llena de optimismo y comienza a ver la vida desde una óptica más benévola. Aprende a quererse más a sí mismo y esto se traduce en mayor cuidado de su bienestar físico. Algunos comienzan una rutina de ejercicios, comen más sano, mejoran sus relaciones interpersonales y su vida mejora significativamente.

¿Cómo demostrar gratitud?

Hay tres formas básicas de mostrar gratitud

- De manera general hacia situaciones o acontecimientos:

Al levantarte de la cama da las gracias por el nuevo día, en primer lugar, puedes seguir con agradecer por tener salud, por tu trabajo, por el buen comportamiento de tus hijos o simplemente por estar rodeado de tus seres queridos.

Piensa y agradece por las personas que se han cruzado en tu día, en los eventos positivos, en las experiencias agradables que hayan dejado huellas placenteras en ti.

Establece el dar las gracias en compañía de tu familia a la hora de comer, agradecer por los alimentos es un magnífico ritual de gratitud, y es mejor si involucra a tus seres queridos.

Si llueve da las gracias, pues la lluvia es vida para la tierra, si hace un día soleado da las gracias también, pues el sol es indispensable para la existencia de los seres vivos en la tierra.

- De manera directa o personal:

En nuestro día a día nos cruzamos con muchas personas a las cuales estar agradecido, las cosas más pequeñas también merecen reconocimiento. Agradece a la persona que te sostuvo la puerta para que pasaras, a la chica que te sirvió el café, a la persona que limpia tu oficina, en fin todo el que de una manera u otra haga algo por tu bienestar merece agradecimiento

Escribe cartas dando las gracias a amigos y familiares, si están lejos de ti envíalas por correo electrónico. Te aseguro que esa persona le alegrará saber que la tomas en cuenta

- Agradécete a ti mismo:

Finalmente, dale las gracias a la persona más importante, a ti mismo. Recompensarse a uno mismo es un mecanismo efectivo para maximizar la sensación de merecimiento, esto incide directamente de manera positiva en tu autoestima.

Si al fin has terminado ese ensayo, o lograste pasar de nivel en ese curso de idiomas, tal vez tu jefe te ha felicitado por el resultado de tus ventas. Cada vez que tengas un logro no lo ignores solo por ser tuyo, alábate internamente "hoy lo has hecho de maravilla", o alguna frase que te guste que haga que te sientas agradecido con tus talentos y habilidades.

Como remuneración psicológica regálate algo especial, cómprate ese libro, ve con tus amigos al cine, visita esa playa que aún no conoces. Dale las gracias a tu yo interior por cada logro y obséquiate a ti mismo con cosas que añoras y que están a tu alcance. De seguro comenzarás a sentir el bienestar propio de las personas agradecidas y seguirás adelante repartiendo agradecimientos por doquier, pasando este rasgo positivo a ser parte indivisible de tu personalidad.

La gratitud te hace más feliz y te ayuda a cumplir tus metas

Las personas que se quejan constantemente no pueden ver con claridad las soluciones a sus problemas y viven en una espiral de malos acontecimientos que parecen no terminar nunca.

La gratitud te da la seguridad que necesitas cuando parece que no tienes nada, te da paz cuando eres capaz de ver lo positivo que tienes en tu vida. Ser agradecido te cambia la vida, date la oportunidad de demostrarte todo lo bueno que ya tienes, pues el agradecimiento te acerca cada vez más al autoconocimiento para que estés seguro de tus capacidades y de explorar tu máximo potencial

Ikigai

Cuando te detienes a ver lo positivo de la vida, tomas más conciencia de lo que tienes. Esto te cambia el chip mental de la negatividad, dejas de enfocarte en los problemas e inevitablemente verás soluciones donde antes solo había dudas y miedos.

De pronto dejarás de quejarte, y tu foco de atención será el ahora, en lo que estás agradeciendo en este preciso momento y entonces tu panorama cambiará significativamente, este nuevo rasgo positivo indudablemente te llevará a cumplir metas con mejor eficacia que antes y te volverás una persona proactiva. Recuerda que el agradecimiento también genera bienestar físico y ese arranque de energía y positivismo es esencial para alcanzar el éxito, en las diversas metas que te hayas propuesto.

Y todo esto debido a que has aprendido los beneficios del agradecimiento.

Capítulo 9
Hobby, los beneficios de tener aficiones

Disfrutar de las pequeñas cosas de la vida

La inactividad por falta de motivación es motivo de frustración en las personas y las pueden llevar a desarrollar síntomas depresivos y de ansiedad. Esto puede suceder entre personas de cualquier edad, por lo que podemos concluir que una persona que no tenga ninguna actividad que le guste o algún hobby, un oficio o un pasatiempo, puede volverse una persona amargada y negativa y esto la hace alejarse de su verdadero Ikigai.

Llevar una vida plena es dedicarnos tiempo a nosotros mismos y hay una forma especial de hacerlo y romper con la monotonía: encontrar una afición, alguien dijo que las aficiones son pequeños reinos de libertad, pero si te gusta determinada actividad tanto como para que sea una afición ¿no es ese tu Ikigai?

La respuesta a esto es si y no, puede que al realizar algo que te guste mucho con el tiempo se transforme en

Ikigai

tu Ikigai, luego de conocerlo y practicarlo, pero no necesariamente, recuerda lo que señala el capítulo 4, puedes tener varias cosas que te emocionan y la intensidad con la que las amas puede tener diferencias ínfimas y eso no es malo, por el contrario, te dará la oportunidad de experimentar varias cosas placenteras que te harán sentir de maravilla.

Hay una marcada diferencia entre tu Ikigai y un pasatiempo u hobby: el primero trata de hacer lo que amas y además vivir de ello, y un hobby es algo que nos es placentero hacerlo en nuestro tiempo libre y cuyo propósito no es ganar dinero ni recibir ninguna ganancia monetaria, sino disfrutar el placer de dedicarle un tiempo estipulado a una actividad de puro ocio, que puede llegar a ser muy desestresante.

No se trata de cumplir una obligación, sino disfrutar de algo que nos gusta, dedicar nuestros esfuerzos, enfoque y tiempo, a sabiendas de que estos momentos evitaran que caigamos en episodios de estrés que nos imposibilitan encontrar y llevar a cabo nuestro sueño de vida.

Un pasatiempo saludable tiene que ser algo que amemos, algo con lo que sintamos regocijo. Esto es muy importante, porque de lo contrario no sería una afición o un pasatiempo, sino un deber, y el placer que supone ejecutarlo desaparece.

Las principales ventajas de tener una afición:

Proporcionan habilidades para desarrollar talentos innatos que el individuo quizá no sospechaba que tenía, dándole la oportunidad de incrementar su autoestima, además de conocer nuevas potencialidades. Definitivamente, tener un pasatiempo te ayuda al autoconocimiento y a tener confianza en ti mismo. Al hacer algo significativo o muy sencillo seguro que vas a experimentar un gran bienestar emocional.

Ayudan a "desenchufarse" de la rutina diaria y de otras actividades que pueden resultar agobiantes, contribuyendo a alcanzar un estado de ánimo más sereno y tranquilo, sobre todo si el pasatiempo reclama concentración.

Facilitan el desarrollo de la creatividad y la capacidad para tener disciplina y concentración.

Permiten ampliar la vida social, sobre todo si es posible reunirse en torno a un grupo de personas con la misma afición, compartiendo experiencias en relación con un mismo tema en común. Muchas aficiones y

Ikigai

pasatiempos deben hacerse en grupo, lo que contribuye a aminorar el aislamiento social, sobre todo a personas con sentimientos de soledad, mejorando su calidad de vida.

Elevan la motivación para encarar los problemas de la vida. Al vernos capaces de elaborar un tema desde el principio hasta el fin, sentimos que somos capaces de enfrentar los problemas cotidianos con mayor fuerza.

Favorecen el sentido de independencia frente a la familia o nuestro trabajo, las aficiones te mueven de tu rutina hacia una zona donde despejamos la mente y sentirás bienestar

Nos enseñan a sentir placer en compañía de nosotros mismos

Nos disminuyen los problemas de estrés de nuestro trabajo, nos ayudan a olvidar nuestros apuros económicos y podemos sobrellevar mejor la vida en pareja.

Algunos pasatiempos sacan de nosotros nuestra creatividad, también mejoran nuestra capacidad de respuesta y elevan la rapidez mental, por lo que al repetirlos asiduamente nuestro cerebro se verá beneficiado y podremos dar respuesta en la vida real, ya sea en el entorno laboral o personal, o a problemas específicos que requieran esas respuestas creativas y veloces a las que nos estamos acostumbrando al practicar un hobby determinado.

Un pasatiempo o cualquier labor que se haga por ocio mantiene el cerebro activo, te atreves a realizar otros desafíos, distintas posibilidades, y esto hace trabajar la mente. Otra ventaja de tener una afición es que sacamos a relucir las zonas más reales y genuinas de nosotros mismos, cuando practicamos un hobby, somos cristalinos, damos lo mejor de nosotros mismos, y todo porque no tenemos presión de ningún resultado, solo estamos pasando el tiempo y dándole a nuestra mente un descanso de las labores cotidianas.

Divertirse con un pasatiempo es disfrutar la vida

Ya sé que los cuatro fundamentos del Ikigai están orientados a hacer lo que nos gusta y recibir compensación económica por ello, pero pienso que esta filosofía encierra mucho más que eso, el Ikigai insiste en tu felicidad, en tu pasión y como puedes desarrollar una estrategia feliz para tu vida si vives lleno de ansiedad y estrés. Ningún malhumorado y amargado piensa en el bien de su comunidad, por el contrario, estas personas se enrollan en sus propios pensamientos y viven sumergidos en su miseria, así que ¿Qué de positivo le proporcionarán al mundo, si ellos mismos no tienen nada que valga la pena?

Definitivamente, Ikigai tiene que ver de manera directa con tu felicidad y te insta a que utilices todos los recursos para lograr un sano equilibrio entre el trabajo y tu tiempo libre.

Muchos de nosotros hemos pensado y repensado en hacer alguna actividad que nos distraiga, a veces logramos comenzar, pero luego nuestra dinámica de trabajo nos impide seguir adelante, porque muchas veces nosotros mismos nos imponemos metas inalcanzables y no nos damos cuenta de que esta vida de inmediatez nos absorbe y nos olvidamos de nosotros mismos. Por esto te voy a dar algunas pautas para que des el paso y conviertas tu afición en una actividad recurrente en tu vida.

Atrévete

Tal vez le tengas miedo al agua porque nunca aprendiste a nadar, pues toma clases de natación, el tomar clases e ir poco a poco te irá llenando de confianza. No tengas vergüenza, muchos adultos jamás aprendieron a nadar, la diferencia es que tú puedes y vas a hacerlo, tú tienes confianza suficiente en tus facultades para lograrlo. Lo importante es que te atrevas.

Varía tus posibilidades

Igual que con tu vocación, como expliqué en el capítulo 4, tus gustos pueden ser varios, en plural, así que no te dé miedo explorar entre varias opciones, practícalas y mide la intensidad de tu respuesta ante ellas, quizá te sorprendas haciendo diversas actividades con la misma alegría y disfrutarlas al máximo.

Tu tiempo es ahora

¿Recuerdas la importancia de vivir en el momento presente? (Capítulo 3) El posponer dedicarte a una afición o pasatiempo no es más que procrastinación, no permitas que factores ajenos te impidan practicar un hobby. A veces el entorno familiar o el trabajo excesivo nos impiden tener tiempo para nosotros mismos, y este espacio es igual de importante al que le dedicamos a nuestra carrera o pasión.

Evita la rutina

No se trata de que no vayas a realizar tu pasatiempo con tu pareja o con tus hijos, no me malinterpretes, aparta y dedica tiempo para estar con tu familia, pero también debes hacer un paréntesis para ti: ese tiempo es tuyo y de nadie más, es el momento en el que vas a separarte de todo lo rutinario o lo que te pueda generar estrés, así que no tiene sentido que lo hagas en compañía de tu familia, repito, dedícale tiempo a ellos, pero aparta un poco para ti, después de todo, al estar más relajado/a tu mente está en mejor condición y mejor podrás atender todas tus funciones, ya sea como padre o madre, esposo o esposa o amigo/a.

Que el dinero no sea excusa

Un buen consejo sería: no busques pasatiempos costosos, además de que harán un hueco en tu economía, al no poder pagarlo tendrás un pretexto para no hacerlos. Lo mejor es ir haciendo pequeñas cosas, como ir a un grupo de tejido o de bricolaje hasta un club de lectura. Esas son opciones más al alcance de tu bolsillo.

Se trata de hacer lo que de verdad te gusta, después de todo de eso trata la filosofía Ikigai. Ve planificando y haz algo que no te cueste nada como por ejemplo dar paseos por las tardes en algún parque local, tomar fotografías de la naturaleza, etc... cualquier cosa te puede llegar a entusiasmar y quién sabe ¡quizá descubras tu Ikigai realizando algún pasatiempo!

Sé constante

La constancia es importante en todo, también al realizar tu hobby. Encontrar un hobby y ser constante es algo positivo para la salud mental y física, así que por favor no dejes de lado esta maravillosa forma de entretenimiento, y ten en consideración que encerrarte en tu habitación viendo series o revisando los chismes en tu móvil, no cuenta como pasatiempo, tienes que romper con la rutina, y no cejar en tu intento por realizar esa actividad que lleva tiempo en tu mente, hazlo realidad y disfruta de todos los beneficios anteriormente mencionados y sobre todo conviértete en una persona feliz y apasionada, dos características de la gente que ha encontrado su Ikigai.

Mantener el contacto con tu entorno familiar, amigos, etc. Es la mejor forma de mantener la positividad

Cuando nos acontece un percance muy negativo, nuestro estado de ánimo cambia, y es algo normal, una respuesta muy humana a una situación de dolor

Ya sea por cualquier razón por la que en estos momentos tengas un episodio de angustia, debes conocer la importancia de permanecer comunicado, de compartir con algún amigo o ser querido cómo te sientes. Cuando esta situación se alarga y no se supera, pueden aparecer

Ikigai

síntomas como la falta de energía, trastorno del sueño y desorden del apetito. También nuestra capacidad cognitiva y nuestra vida psicológica se ve afectada.

Puede que hayas llegado a un punto crítico. Entonces es cuando empiezan a aparecer problemas de autoestima, pensamientos recurrentes no productivos y aislamiento social. Por ello es tan importante tener un grupo de personas cercanas, ya sean amigos o familiares, que nos ayuden a hacer más llevaderos nuestros problemas y a combatir estos síntomas que empiezan a entrar en el terreno afectivo, e infectan directamente el terreno productivo.

Compartir nuestra experiencia es fundamental para poder superarla, y los amigos y familiares son pieza clave para la superación de cualquier escollo, sobre todo por un aspecto bastante importante: nos conocen muy bien. Durante este proceso negativo se suele producir tergiversaciones sobre la manera de percibirnos a nosotros mismos y al mundo que nos rodea. Nuestra mente nos presenta el mundo como algo malévolo y creemos que no estamos preparados para enfrentarlo, es allí donde nuestros amigos y familiares cercanos nos recuerdan quienes somos, devolviéndonos la confianza en nosotros mismos. Recibir el cariño de alguien que te quiere tal y como eres, refuerza la creencia en nuestras capacidades. Te recuerdan que este problema que sufres es un estado que pasará y, lo más importante, que ellos te ayudarán a superar el trance.

Uno de los pilares del Ikigai es el bien social, el compartir de alguna manera nuestro talento y nuestras dádivas con el prójimo, creo que inteligentemente esta filosofía apunta a que el aislamiento social debe evitarse a toda costa, ya que puedes agravar un estado de ansiedad y aparecerán pensamientos pesimistas de forma repetitiva lo que te llevará por el camino opuesto al Ikigai: sufrimiento y descontento de alma. Los familiares o amigos son buenos para sacarte de ese bucle. Además de tener un pasatiempo, necesitas esto para romper con ese ciclo.

En muchas ocasiones nuestros problemas provienen de las relaciones familiares, en ese caso los amigos juegan un papel fundamental, porque gracias a su compañía y a su capacidad para escucharnos se convierten en compañeros terapéuticos, en nuestro proceso de sanación, y es esa capacidad de conexión por la que muchas veces podemos salir a flote de cualquier situación, al ellos no estar inmersos directamente en el factor familiar pueden darnos sus opiniones con una debida distancia emocional del problema, lo que convierte sus palabras en consejos objetivos con soluciones más acordes con la realidad.

Los amigos y seres queridos nos brindan la posibilidad de poder disfrutar de lo cotidiano, nos ayudan a conectar con nosotros mismos, guiándonos a dimensionar la situación que vivimos de manera correcta. Por todo esto, los amigos son las personas perfectas para ayudar a superar una mala racha.

Capítulo 10
Los valores y el Ikigai

Todos sabemos que los valores son el conjunto de virtudes o capacidades positivas que posee una persona, y que estas inciden directamente con la relación de esta con el resto de los individuos y de su entorno.

Los valores más importantes que puedo mencionar son la honestidad, la responsabilidad, el respeto, la tolerancia, el agradecimiento, el amor, la solidaridad, la libertad, entre otros.

Parece bastante sencillo, pero resulta sorprendente la cantidad de personas que no tiene claro lo que es más importante en sus vidas, de hecho, sus valores son como una veleta; van con el viento. Estas personas tienen un serio problema a la hora de tomar decisiones

Estos valores influyen en nuestra manera de pensar, de actuar y de convivencia, independientemente de que hayan sido inculcados en nuestra niñez o aprendido en edad adulta. Los proyectos de vida que se hagan van a depender siempre de la calidad de los valores que se posean.

No es una visión romántica para nada, de hecho, los valores y las convicciones más sólidas son las principales características de la gente exitosa. Los que se logran graduar en la universidad (perseverancia), los médicos que infatigablemente trabajan en condiciones extremas en algunos países salvando vidas (solidaridad), el bombero que arriesga su vida para salvar a otro (amor, sacrificio), etc.

Los valores que poseas, son la guía hacia tu último destino, ya sea que hayas descubierto tu verdadero Ikigai o no, y ese destino puede ser el éxito o el fracaso. El no saber discernir y escoger los valores que te hacen falta para alcanzar tus planes te puede hacer vivir con una frustración perenne por la falta de congruencia y la no consecución de sus metas.

Por el contrario, tener unas convicciones y valores claros en tu mente, y vivir de acuerdo a ellas, te hará sentir certidumbre en tus acciones y paz interior.

Sistema de valores

Desde tiempos inmemoriales los seres humanos se han dejado llevar por sus valores. Su finalidad última es la supervivencia del ser humano.

Todos poseemos valores de alguna índole que nos ayudan a ordenar nuestra vida, estos valores a veces chocan con los valores de nuestro entorno, sin embargo, ellos tienen una labor en la comunidad: lograr la plena convivencia y el respeto entre los ciudadanos. Y se pueden aprender en el intercambio con las personas significativas en nuestras vidas.

Los valores están ligados a nuestra vida y nuestro destino, sobre lo que somos y lo que queremos ser, como personas, como familia, como país y como humanidad. El pensamiento compartido, el acuerdo y el razonamiento comunitario, son esenciales para que funcionemos como sociedad civilizada.

Tal vez piensas, sientes y actúas de acuerdo a tus valores, porque, después de todo, son los que te enseñaron de pequeño, pero no estás solo, no eres una isla, están en conexión con los demás seres vivos y fíjate que digo seres vivos, porque los valores engloban tanto a los humanos como a los animales, y al planeta en sí.

El entendimiento es una posibilidad que surge de un diálogo donde nos ponemos de acuerdo sobre nuestros principios comunes y nuestras metas colectivas. Allí es donde actúan los valores, no los ves de manera tangible, pero son tan reales como el aire que respiras, y afecta de uno u otro modo nuestra vida diaria.

Ikigai

Algunos de los valores más importantes en la sociedad.

Respeto	*Beneficencia*
Integridad	*Paz*
Libertad	*Amor*
Igualdad	*Bondad*
Justicia	*Honestidad*
Imparcialidad	*Confianza*
Verdad	*Responsabilidad*
Tolerancia	*Altruismo*
Empatía	*Lealtad*
Equidad	*Gratitud*
Solidaridad	

¿Cómo pueden los valores ser pieza esencial en tu Ikigai y cómo te ayudan para tu éxito?

Ponen rumbo a la vida

Los valores son un buen punto de partida porque nos ayudan a establecer prioridades en nuestra vida y descubrir cuán lejos o cerca estamos de ellas.

Estas prioridades son el mejor vehículo para el éxito, te mantendrán en el camino a la ejecución de tus planes de manera organizada. Así te ayudarás a adquirir nuevamente el sentido de tu día a día.

Facilitan la toma de decisiones

Si estás frente a una decisión importante y no consigues desbloquearte, el trabajo con valores te ayudará a despejar tus dudas. ¿Por qué? Pues porque pone lo que es importante encima de la mesa, sopesando cada opción en función de lo que consideras una prioridad para ti. De esta manera, el trabajo con valores te permite ganar perspectiva, desbloquearte y tomar una decisión con tranquilidad y seguridad.

Ayudan a conseguir objetivos

Todos tenemos metas, pero las metas hay que trabajarlas incansablemente. Algunas veces pueden surgir dificultades que nos alejan de su consecución. Tener nuestros valores claros te ayudará a tomar de dentro de ti ese valor clave para solucionar determinado problema, y analizar a conciencia si existe alguna carencia o freno que te impide avanzar. Por tanto, la clave está en que seas consciente de qué está pasando para que realices los ajustes necesarios y puedas proseguir tu camino hacia tu Ikigai.

Permiten relacionarnos desde los valores

Los valores compartidos son los que tú y otra persona o grupo de personas consensúan que tendrán presente en su relación. Generalmente las personas que se unen por una u otra razón, tiene valores en común, por ejemplo el liderazgo, su honestidad, la compasión.... esta similitud de pensamientos ayudará a cualquier relación, desde este entendimiento se facilitará la correspondencia en lo personal, lo laboral e incluso en muchos factores comunitarios.

Vivir desde los valores

En un mundo en el que cada vez están más tergiversados los valores, y no se da importancia a muchos de ellos, no es fácil vivir desde los nuestros, pero no te preocupes, el Ikigai nos enseña que debemos confiar en nuestro corazón y que este jamás se equivoca, así que no temas vivir desde lo que piensas que es correcto. Identifica tus valores fundamentales, los que te mueven. Después debes honrarlos, es decir, hacer una pequeña acción cada día.

Esta acción provoca que entiendas la importancia de los valores en su día a día. Además, empiezas a vivir de acuerdo con lo que de verdad te importa, lo que está dentro de tu interior que emerge como deseo puro, como Ikigai.

Principales beneficios de trabajar con valores

Hay dos beneficios que vienen con la práctica de vivir de acuerdo a tus valores:

El trabajo interior de tu conciencia, la retrospección y el autoconocimiento se volverán más profundos arraigados en tu manera de ser, y serán parte intrínseca de tu personalidad.

Y en el plano exterior, los procesos como la toma de decisiones, los planes para conseguir metas y llevar a cabo tus emprendimientos se harán más fáciles, los harás prácticamente sin pensarlo y tu camino hacia el Ikigai se volverá más fluido.

Capítulo 11
Ikigai y el trabajo en equipo

El concepto de Ikigai en la empresa

Muchas personas pensarán que como Ikigai es descubrir tu pasión, tu deseo más intenso, es algo solo para la individualidad, pero no es así, de hecho el cuarto fundamento de esta filosofía apunta al bien colectivo. En las empresas se puede implementar Ikigai, es decir, lograr que los empleados estén en sintonía con la finalidad del trabajo que están haciendo y que este no choque de alguna manera con su Ikigai, con sus valores o su forma de ser.

La vida moderna trae consigo la forma rápida de hacer las cosas, las personas tienen una idea errada de que deben ser multitarea y lograr la perfección en todo lo que emprendan, siempre diré que excelencia no es igual a perfección ni a multitud de actividad, ya hablé de la importancia de mantener la atención en el capítulo 6.

Si trabajas como un programa computarizado más horas que las que tu cuerpo y tu mente pueden soportar estás muy lejos de tu Ikigai, así que las empresas que adopten esta filosofía, deben tomar en cuenta el Ikigai de los empleados, logrando que hagan funciones que compaginen con sus destrezas y con lo que más les guste hacer.

Está comprobado que cuando los empleados son felices trabajan en armonía y aumenta exponencialmente la productividad y cada vez son más las compañías que están adoptando esta filosofía: midiendo la felicidad de los trabajadores, han aumentado el compromiso de estos con la empresa, se adhieren mejor al trabajo en equipo, trabajan en completa armonía porque empatizan con sus compañeros y sobre todo trabajan en un clima alegre donde sí importa el buen humor.

Las investigaciones sobre este tema aseguran que si un empleado tiene un propósito dentro de la empresa permanecerá el doble de tiempo en su puesto haciendo tareas que les son gratas, le aportarán mejor esfuerzo y compromiso debido a que se sienten agradecidos y que dentro de la organización sus preferencias sean respetadas. Cuando la empresa tiene valores y estos se traspasan a los empleados, se vuelve más productiva desde el punto de vista económico y humano.

Claves para fomentar el Ikigai en la empresa

Comunicación bidireccional: ser transparente es importante para la relación empresa-empleado y esto debe ser en ambas direcciones, los empleados pueden dar sus opiniones acerca de un proyecto y la empresa debe escucharlos a su vez informarle de los pormenores de sus decisiones con respecto a un proyecto en específico.

Fijar objetivos comunes y coherentes con el día a día

Las personas que tengan a su cargo empleados deben fijar metas coherentes con los objetivos de la empresa, y que, a su vez, los empleados escogidos para llevarlas a cabo sean los más idóneos y los que más se ajusten según sus gustos, según el Ikigai de cada uno.

Compartir y celebrar los logros

Llevar la empresa más allá de los espacios de la oficina para celebrar cada logro que se obtuvo, es una buena forma de decirle a sus empleados: los estamos haciendo bien, y ustedes son valorados.

Interactuar con los miembros de tu equipo

La interrelación de los miembros del equipo genera un ambiente óptimo para el progreso no solo del equipo sino de cada miembro, ya que se apoyaran en sus fortalezas y flaquezas, siendo este un valor que los motivará a ser cada vez más productivos.

Crear buen ambiente

No solo los empleados deben tener buena actitud, los gerentes y jefes deben estar en la disposición de generar un buen clima en los sitios de trabajo, motivando y reconociendo el buen desempeño de cada quien e instando a los posibles empleados problemáticos a mejorar y averiguar lo que les gusta y el porqué de su malestar. Solo así se logrará la confianza y seguridad para que fluya el Ikigai entre todos los miembros de un equipo.

Como podemos ver el conocer nuestro Ikigai mejorará no solo las relaciones a nivel personal, sino que en el sitio de trabajo actuará como un aliciente para ganar respeto en la organización y ser parte de un rendimiento global, que se traducirá en mejor productividad y posibilidades de ascender y ser más próspero tanto dentro como fuera de la empresa.

Capítulo 12
Las principales leyes del Ikigai

1- Encuentra tu pasión

Vivir una vida sin propósito es imposible, encontrar y alcanzar un estado de Ikigai te dará felicidad, ejercer propósito te volverá una persona feliz, sin embargo, en ocasiones encontrar nuestra pasión y perseguirla no es tarea fácil, teniendo en cuenta como nos han educado: seguir los pasos de nuestros padres, estudiar una carrera que de dinero etc. jamás nos instaron a perseguir nuestra verdadera vocación

2- Mantente activo a nivel físico y mental

Mantenerte activo, nada tiene que ver con que tengas tus ojos pegados a la pantalla de algún ordenador o de tu móvil viendo cosas sin ningún sentido. Para encontrar y mantener tu propósito, esta filosofía te insta a que lleves hábitos saludables cuidando tu mente y tu cuerpo, comiendo sano y practicando algún deporte o hobby (capítulo 9)

3- Conecta con otras personas

Una de las principales leyes de esta filosofía es la de compartir con los demás, es por esto que tu propósito será más completo si lo compartes con otras personas, pensando en el bien común. Esto además de ser algo muy positivo, da sentido de propósito cumplido a tu vida.

Como puedes ver, estas son las tres leyes principales del Ikigai, sin embargo, otros estudiosos que han visitado Japón y han investigado esta fascinante cultura proponen los siguientes preceptos que de seguro te mantendrán dentro de Ikigai si los llevas a cabo:

Ten paciencia

En un mundo acelerado el hacer las cosas con calma puede parecer tonto. Nada más alejado de la realidad, cuando tomamos decisiones apresuradamente, estas no siempre son las más adecuadas, y este proceder hace que nuestro camino a Ikigai se vuelva difícil y accidentado, lo que te retrasa aún más.

Come sanamente

Comer lo justo y necesario y además de manera saludable le dará equilibrio a tu salud física, si esta está bien, te sientes bien y proyectas bienestar.

Demuestra tu alegría de vivir

Sonríe más a menudo, disfruta el presente, las cosas pequeñas de la vida y regálate una caminata al atardecer, un buen libro o una buena amistad.

Relaciónate más con tu medio ambiente

La naturaleza es un medio mágico para reconectarse y cargarte de energía positiva, aprovecha todas las oportunidades que puedas para disfrutarla al máximo.

Sé agradecido

Dar las gracias es un acto de fe, de esperanza y un modo de enseñarle a tu corazón y a tu mente que la humildad es un valor que da mucha satisfacción.

Vive el presente

Atesorar cada momento es lo que nos hace la vida más llevadera, todo lo que hay es el momento presente, no vivas con rencores de pasado, o con la angustia de cómo va a ser tu futuro, ese camino es de desilusión y sufrimiento y eso se contrapone a tu Ikigai.

Persigue tu Ikigai incansablemente, no cejes en tu empeño, en el camino encontrarás muchas alegrías y el resultado será una poderosa versión de ti.

Capítulo 13
Ikigai en la educación: cultivando el potencial de los jóvenes

Introducción a la importancia de inculcar el concepto de ikigai desde una edad temprana.

Es importante entender qué es el Ikigai y cómo podemos aplicarlo a nuestras vidas, sobre todo a una edad temprana, ya que eso te ayudará a entender mejor la vida y a vivirla más plenamente. Si tenemos la suerte de tener unos padres que desde pequeños nos enseñan a vivir y entender nuestro Ikigai, de mayores tendremos menos problemas de aceptar ciertas cosas y entenderemos que tanto las cosas buenas como las malas pasan por algo. Sin embargo nunca es tarde para ponerte a descubrir quién eres y éste libro te ayudará a entenderte mejor.

De adolescentes, la mayoría de las personas no entienden su razón de ser, buscan respuestas continuamente y muchas veces no encuentran aquello que buscan y se pierden en cosas superfluas. Si tú quieres cambiar eso y entenderte mejor a tí mismo vas por buen camino leyendo este libro.

Otra cosa que hay que tener en cuenta cuando buscas tu Ikigai es no dejarse influenciar por amigos, familiares o factores externos. Es fácil hoy en día que nos afecten demasiado las redes sociales y que nos estemos comparando continuamente con el de al lado o con las personas que vemos online, por eso es importante conocerte, saber a dónde quieres llegar y cómo quieres ser. Entender que cada persona es un mundo, y que lo que hace feliz a tu amigo quizás no sea lo que te haga feliz a tí es primordial para estar en armonía con tu Ikigai.

Otra cosa que debemos aceptar es que con el paso de los años vamos cambiando, puede ser que nuestros principios sean otros a cuando éramos más pequeños, que lo que querías ser de jóven ya no sea lo mismo que de mayor, y eso está bien. Aceptarse a uno mismo y aceptar que hemos cambiado nosotros o algunas personas que nos rodean es muy importante. La vida es un cambio constante y nosotros vamos fluyendo y avanzando con ella.

Educación basada en el autoconocimiento y la exploración de intereses.

Cómo hemos dicho anteriormente cada persona es un mundo, y por eso la educación tampoco es la misma para todos. A tu compañero quizás se le den mejor las matemáticas que a tí y eso no significa que tú seas menos listo o valgas menos. Todos tenemos cosas que se nos dan mejor y otras peor, o cosas que nos gusten más o nos gusten menos, por eso es importante saber qué es lo que se te da bien, qué es lo que te gusta y si en un futuro puedes vivir de ello. Unir esas tres cosas es la base fundamental de tu Ikigai, como bien dicen "elige un trabajo que te guste y no tendrás que trabajar ni un día de tu vida", y así es. Obviamente no se trata de ser feliz todos los días, pero sí de hacer algo que te guste, disfrutarlo y aceptar también que la vida tiene momentos difíciles y que no pasa nada.

Cuando aún estás en el proceso de autoconocimiento habrá momentos en que quizás te puedas sentir perdido, quizás no sepas aún qué es lo que de verdad te gusta o a qué te quieres dedicar, quizás amigos tuyos ya lo tengan claro y eso haga que sientas presión, pero no hay que agobiarse. Tenemos la suerte de que vivimos ya en una sociedad, en la que podemos empezar una nueva carrera o un nuevo trabajo a cualquier edad. Habrá cosas que sean más difíciles y otras más fáciles, pero la vida trata de eso, aprender, cometer errores y disfrutar el viaje de la vida misma.

Fomentar la creatividad y la pasión en el aprendizaje.

Es importante que cuando ya nos toca elegir una carrera, grado superior o cualquier formación academica, sea algo que nos guste y nos apasione. Si disfrutamos aquello que estudiamos, el aprendizaje se nos hará mucho más ameno y disfrutaremos aquello que estamos aprendiendo. Al final, lo que estudiamos es a lo que nos dedicaremos cuando hayamos terminado, asi que es importante que nos guste. Está claro que en los tiempos que vivimos actualmente, podemos cambiar de carrera y de oficio con cualquier edad, pero aún así es indispensable que el camino que hayamos elegido nos guste y disfrutemos de él.

La filosofía Ikigai hace mucho hincapié en eso, por eso se debería de ir implementando cada vez más esta filosofía en los colegios e institutos, así los jóvenes ya aprenden desde pequeños a usar esta filosfía de vida y su vida de mayores será mas fácil y amena.

Cuando los estudiantes se dedican a algo que les gusta y tienen la oportunidad de explorar su creatividad, está demostrado que la eficacia y el rendimiento aumentan, ya no se trata sólo de estudiarse siete libros de memoria, ir al exámen y después que se te olvide. Hoy en día es mucho más importante la práctica, el probar varias cosas distintas, que los profesores sean más abiertos de mente y prueben nuevas técnicas de estudio y aprendizaje, que los alumnos tengan libertad de expresarse en la clase, etc.

Poco a poco los sistemas educativos van avanzando y mejorando eso. Otra cosa que ha surgido en la época más moderna es el internet y la tecnología. Es una buena herramienta para también explorar y fomentar nuestra creatividad. Tenemos acceso a más información y estamos más conectados entre todos, al aprender de otras culturas y ver por redes sociales e internet cómo viven en otros lugares del mundo, también hace que conozcamos otros nuevos caminos quizás diferentes a los que ya conocíamos. Esto sin embargo también puede ser un arma de doble filo, ya que es fácil que los jóvenes hoy en día pierdan el tiempo en redes sociales, se compraren con estándares imposibles de alcanzar y al tener fácil acceso a toda la información también puede pasar que se les olvide más rápido y lo valoren menos. Por eso es importante también que hagamos un uso adecuado del internet y de las tecnologías.

Algunas herramientas para fomentar la creatividad y la pasión en el aprendizaje podrían ser:

- Enseñar algo aplicable a la vida real y problemas reales para que en grupo busquen soluciones: es importante que aprendamos también a lidiar con problemas de la vida cotidiana y no sólo de estudios. Buscar soluciones en grupo os ayudará a aprender mejor, a ver diferentes soluciones desde varias perspectivas y así sacaremos a relucir nuestra creatividad para la solución de problemas. La vida no son solo momentos buenos, también hay épocas y temporadas difíciles, por lo que es importante también ser creativos y positivos para hacer frente a estas y a los problemas que la vida nos presenta.

- Más prácticas menos teorías: cuando yo estudiaba, los profesores simplemente nos daban una hora de teoría, nos teníamos que estudiar libros de memoria y en el exámen simplemente soltar todo lo que habíamos aprendido, pero a la mayoría de nosotros se nos olvidaba casi todo al año. Por eso es importante implementar la práctica. Con en vez de estudiar tanto de memoria, utilizamos más la práctica, el cerebro esa información la guarda más a largo plazo y nos quedamos mejor con lo que tenemos que aprender. Además, lo bueno de hacer algo práctico, es que te lo pasas mejor y y estás más activo. Los jóvenes tienen más energía, y obligarlos a estar sentados durante horas a esuchar y estudiar nada más no creo que sea la mejor manera para ellos para aprender.

- Dar herramientas para que evalúen sus propias tareas: muchas veces los profesores simplemente corrijen y los alumnos quizás no siempre entiendad qué es lo que han hecho mal. Por eso, es enseñar y dar herramientas a los alumnos para que se autocorrijan, puede ser un buen método para que entiendan el por qué y pongan más en práctica el autoconocimiento y la autocrítica, dos cosas imprescindibles además en la filosofía Ikigai. Si desde jóven aprendes a ver tus virtudes y tus errores, aprendes que son parte de tí y te aceptas tal y cómo eres, te será más fácil de mayor desenvolverte en tu trabajo y en la vida de adulto.

- Usar imágenes, videos o sonidos en vez de palabras en la enseñanza: usar imágenes, videos o sonidos puede ser una manera divertida y diferente de aprender, enseñar y encontrar lo que nos apasiona. A veces la mente absorbe la información en forma de imágenes o sonidos mejor que cualquier información escrita. Sobre todo en los jóvenes, ya que si aprendes de manera divertida, te tomarás el estudiar de otra forma y encontrarás más rápido aquello que amas.

- Usar juegos educativos, sobre todo a temprana edad: ya hemos hablado del uso de tecnologías anteriormente. Los juegos educativos podrían entrar en esta categoría y si se hace buen uso de ellos, pueden ser un método muy eficaz de aprendizaje y descubrimiento. Además hay juegos para cualquier edad y para todos los gustos. Encuentra algún juego que te guste, que te enseñe y así también podrás descubrir nuevas cosas.

Dicho esto pasamos al siguiente párrafo, donde te voy a dejar algunos métodos para ayudarte a descubrir tus pasiones y vocaciones.

Herramientas y métodos para ayudar a los jóvenes a descubrir sus vocaciones.

- Usar la tecnología de manera inteligente: como bien he dicho en el capítulo anterior, la tecnología puede ser un arma de doble filo y tenemos que saber hacer buen uso de ella. Tenemos acceso a toda la información del mundo con sólo una búsqueda y en cuestión de segundos o minutos, lo cuál antes era inimaginable. Esto puede ser muy bueno, ya que si tenemos alguna duda o nos interesa saber cualquier información de algún tema, podemos buscarlo y saldremos de dudas. Sin embargo esto puede ser peligroso, ya que al tener tanto acceso a tanta información, nos puede pasar que o bien ya no sepamos qué queremos (por el hecho de tener tanto donde elegir) o bien que no valoremos lo que tengamos y se nos olvide rápido esa información. También es fácil perderse en las redes sociales y creer todo lo que vemos. Pero no te preocupes, si aprendes a diferenciar esto, podrás usar las tecnologías a tu favor y descubrir cantidad de cosas nuevas y pasiones.

- Colaboración entre alumnos: otra cosa importante es la colaboración no solo entre profesor y alumno, sino entre alumnos. Que aprendan a trabajar en equipo, que compartan lo que les gusta y que incluso corrijan los trabajos entre ellos pueden ser buenos métodos para que cada uno descubra su vocación y aprenda a manejarse mejor en un futuro en la vida real.

- Hablar de algo que nos gusta: otro método que podemos usar para que descubramos cuál es nuestra vocación es presentar trabajos o hacer discursos de cosas que nos gusten y nos apasionen. En primer lugar, si hablamos de algo que nos gusta o nos toca hacer un trabajo de un tema que nos interese, lo haremos con más ganas y además al buscar más información relacionado con ese tema, inlcuso aprenderemos más y puede que incluso hasta descubramos otra cosa nueva relacionada que también nos apasione.

- Variedad de temas: hoy en día hay mucha variedad de temas y eso es algo muy bueno. Tenemos más opciones y podemos tener más cosas que nos gusten y apasionen. Puede ser que nos guste la naturaleza y las matemáticas, que aunque no lo parezca además, al final todos los temas van relacionados de una manera o de otra, y podemos ir navegando por un mundo de temas infintios interrelacionados entre sí. Así también iremos descubriendo cosas que nos gusten.

- Claridad y tiempo tiempo para terminar: a veces, sobre todo cuando somos jóvenes, el tener una fecha límite nos puede poner bajo mucha presión y hacer que no tengamos el foco en algo que nos guste realmente, sino en cualquier cosa fácil y rápida. Por eso es importante que los profesores dejen tiempo para entregar trabajos, inlcuso que dejen tiempo en clase para que puedan usar esa hora también para buscar temas que les interesen. Al final como ya hemos dicho varias veces, lo más importante en Ikigai es encontrar tu pasión y lo que te gusta, dedicarte a ello y que puedas vivir de eso.

Integración del Ikigai en la planificación de carreras y decisiones educativas.

Ya sabemos de qué trata el Ikigai, esta filosofía que hace hincapié en disfrutar el camino hacia la meta y el presente y en encontrar aquello que nos apasiona para dedicarnos a ello. Por eso, hay que integrarlo tanto en la planificación como en la decisión de una carrera u oficio.

Muchas veces caemos en la trampa de que queremos estudiar lo que nuestros padres, para quizás poder trabajar en la empresa familiar o heredar los clientes, o quizás caemos en la trampa de la publicidad que hay a nuestro alrededor y que, sin darnos cuenta, queda en nuestro subconsciente, haciéndonos creer que es eso lo que queremos ser o hacer cuando realmente no es así. Por eso es tan importante el autoconocimiento en Ikigai. Si te conoces bien a tí mismo, sabes qué tipo de persona eres, lo que te gusta y lo que te hace feliz, entonces no serás tan influenciable y elegirás aquello que de verdad te apasiona. Por supuesto que nuestros gustos pueden cambiar con el paso del tiempo, y eso tampoco pasa nada, pero lo importante es disfrutar lo que haces y no caer en un trabajo que al final te haga caer en depresión o te haga infeliz.

Planificar bien es primordial en casi todo, en Ikigai se habla mucho de vivir el momento y estar feliz, pero eso no significa que tenemos que ir por la vida sin tener un plan. Si tenemos un plan y un orden, nos será mucho más fácil el saber que nos gusta y a dónde tenemos que dirigirnos.

Casos de estudio que demuestran el impacto positivo del enfoque ikigai en estudiantes

Colaboración entre padres, educadores y estudiantes para cultivar una mentalidad basada en el propósito.

Este es otro punto importante tanto en Ikigai como en cultivar una buena mentalidad. El trabajo en equipo y la colaboración abre muchas puertas, quizás en un grupo de personas haya diferentes ideas respecto a un tema, y el intercambiar esas ideas, tener una mente abierta respecto a ellas y ver las cosas desde otras perspectivas es muy enriquecedor. Cada persona tiene su propio propósito de vida, pero escuchar propósitos de otras personas nos puede dar más opciones. Como ya hemos dicho varias veces anteriormente, nuestros gustos, propósitos, etc.. pueden ir cambiando conforme van pasando los años, y al siempre ir intercambiando ideas, tenemos una mente más abierta y tenemos más conocimiento sobre cosas que quizás antes no conocíamos.

Desarrollo de habilidades sociales y emocionales a través del enfoque Ikigai.

El tema social y emocional es otro punto muy importante, no solo en Ikigai, sino en la vida misma. El ser capaz de comunicarte de la manera adecuada, de adaptarte a diferentes situaciones y de controlar y aceptar tus emociones te hará la vida más fácil. Ikigai, como ya hemos dicho, es una filosofía que sigue la idea de vivir el momento presente, de hacer lo que te guste y lo que amas, de estar en paz contigo mismo y de ser feliz persiguiendo tu propósito de vida. Si nos pasamos la vida pensando demasiado en el futuro, o lamentándonos por el pasado, nunca llegaremos a disfrutar del todo el presente. Está claro que tenemos que tener una meta y una dirección, es importante saber a dónde queremos llegar y hacer todo lo posible para llegar a esa meta, pero es igual de importante el disfrutar el camino y que no estemos con ansiedad constante sin disfrutar lo que hacemos. Aquí el aprender a controlar tus emociones es fundamental. Controlar nuestras emociones no es algo fácil, y es algo que quizás nos lleve toda la vida aprenderlo, pero si trabajamos en nosotros mismos todos los días, esta tarea nos resultará cada día más fácil. Controlar nuestras emociones tampoco significa que vivamos siempre positivos y nos engañemos a nosotros mismos, haciendo caso omiso de los sentimientos "negativos". Hay que aceptar el dolor y el sufrimiento. Tenemos que aceptar esos sentimientos, sentirlos, aprender de ellos y después dejarlos ir. Con el tiempo aprenderemos que esas cosas negativas que nos han pasado pasaron por algo, y que cosas mejores vendrán. Además valoraremos más las cosas buenas y bonitas de la vida, porque aprendemos que todo son momentos y que todo pasa.

Desarrollar las habilidades sociales también es fundamental. El saber comunicarnos de manera adecuada nos abrirá muchas puertas, podemos encontrar trabajo más fácil, podemos construir mejores relaciones laborales, familiares, con amigos y amorosas y no nos costará dar nuestra opinión. Con el autoconocimiento aprenderemos a desarrollar estas habilidades y nuestra autoestima crecerá, formando así una personalidad fuerte que nos ayudará a conseguir cualquier cosa que nos propongamos en la vida.

Preparación de los jóvenes para una vida equilibrada y significativa.

Cuando uno es jóven, le resulta mucho más fácil aprender algo nuevo, por eso es tan importante una buena educación. Si educamos a los jóvenes a seguir un estilo de vida basada en la filosofía Ikigai, crecerán ya con una mentalidad y personalidad fuertes, conseguirán todo lo que se propongan y vivirán una vida armoniosa y de paz.

Conclusión

Hemos visto a través de las líneas de este libro que abrazar nuestro Ikigai nos beneficiará enormemente: creeremos más en nosotros mismos, nuestra autoestima se elevará y sentiremos la satisfacción de hacer lo que nos gusta, de seguir el llamado de alma, algo que parece sencillo, pero muchas personas ignoran.

Espero sinceramente hayas comprendido que Ikigai no es pasivo, por el contrario, saliendo de nuestra pasividad es como lo encontraremos y seremos conscientes, al fin, de nuestro enorme potencial. Dar el paso para salir de una mala relación, de un trabajo que nos empequeñece, o simplemente mejorar significativamente aspectos de nuestra vida.

Antes de soñar con una vida ideal debes conocerte, para ello tienes que borrar las falsas creencias que tenemos desde niños, y las que hemos asimilado durante años con nuestra vista pegada a una pantalla móvil, la vida es muy diferente a como los influencers quieren hacer ver , quitarse la venda de los ojos y abrazar esta filosofía son dos cosas que van juntas, si quieres seguir tu pasión, y hacer lo que te gusta y vivir de eso, además de compartir tus dones con el mundo debes hacer un cambio en tus paradigmas, dejar atrás tu viejo yo y comprometerte con mejorar en todo sentido.

Para ello es este libro; es mi aportación, mi granito de arena para ayudarte a llevar el barco de tu vida al mejor puerto posible, el de la vida plena, en la que la alegría de vivir sea tu norma y donde gracias a tus dones la humanidad se beneficie de una forma ecológica, donde todos nos relacionemos de forma pacífica y altruista, como seres humanos que hemos encontrado nuestro amado Ikigai.

Printed in Great Britain
by Amazon